Hans Werner Scheidl

Die Monarchen der Zweiten Republik

UEBERREUTER

Der Verlag Carl Ueberreuter bedankt sich sehr herzlich für die Erlaubnis, Bilder aus dem Presse-Archiv zu veröffentlichen (S. 19, 37, 43, 65, 75, 85, 93, 105, 107, 109, 117, 123, 127, 133, 137, 141).
Bilderdienst Votava: S. 25, 51, 71

Die Deutsche Bibliothek – CIP-Einheitsaufnahme

Scheidl, Hans Werner:
Die Monarchen der Zweiten Republik : Landeshauptleute im Porträt / Hans Werner Scheidl. - Wien : Ueberreuter, 2002
ISBN 3-8000-3847-1

Covergestaltung: Kurt Hamtil, verlagsbüro wien
Coverfotos: Eduard Wallnöfer (Votava), Herbert Keßler (Presse-Archiv), Theodor Kery (Votava), Josef Ratzenböck, Josef Krainer jun., Leopold Wagner (Presse-Archiv), Wilfried Haslauer (Votava), Siegfried Ludwig, Helmut Zilk (Presse-Archiv)

Druck: Druckerei Theiss GmbH, A-9400 Wolfsberg
7 6 5 4 3 2 1

Ueberreuter im Internet: www.ueberreuter.de

Inhalt

Sie sind Fürsten, in der Tat

Jugendträume sind solche, an die man sich gerne erinnert – auch dann, wenn sie nicht in Erfüllung gegangen sind. Jugendträume haben oft nichts mit der Wirklichkeit zu tun, sind irreal, nähren sich an Eindrücken, deren Herkunft man nicht erklären kann, und reichen in eine imaginäre Zukunft, die sich in den allermeisten Fällen als das entpuppt, was sie wirklich ist, imaginär eben. Ein Traum. Ein Jugendtraum.

Als ich ein Gymnasiast war, wollte ich Landeshauptmann werden. Genauer: Landeshauptmann von Niederösterreich. Die Funktion schien mir weit mehr zu sein und zu gelten als Bundeskanzler oder gar Bundespräsident. Nein, ich wollte Landeshauptmann werden. Warum dann gerade der von Niederösterreich? Wahrscheinlich deshalb, weil ich damals eine Freundin hatte, das Objekt einer Gymnasiastenliebe, deren Großvater genau jene Position ausfüllte, die mir als der Inbegriff eines politischen Daseins schien. Der Landeshauptmann, meinte ich, sei mächtig. Er sei der Herr in seinem Land. Er sei das Objekt mitunter von Sympathie, in jeden Fall aber von Ehrfurcht. Der Großvater meiner Freundin war dies alles. Er war zudem ein jedenfalls im Familienkreis jovialer Mensch. Ein Großvater eben.

Er war der Großvater seines Landes. Ein Landeshauptmann, meinte ich – als Gymnasiast, versteht sich – ist jedenfalls ein Vater. Ein Vater seines Landes. Eine Vaterrolle, die, das wusste ich schon damals, natürlich auch Vaterpflichten umfasst, schien mir in dieser Zeit nirgendwo so ausgeprägt wie in der Politik. Die Vaterrolle – das Dienen freilich war mir noch nicht bewusst – hat mir imponiert. Ich wollte Vater sein. Der Vater von Niederösterreich.

Als ich ein Kind war, heißt es im Neuen Testament, dachte ich wie ein Kind. Heute, als altgedienter Journalist, weiß ich es besser. Auch, was den Landeshauptmann betrifft. Acht plus einen hat die Republik Österreich. Sie werden gerne auch – in der veröffentlichten, weniger in der öffentlichen Meinung – Landesfürsten genannt. Sie sind aus der Geschichte unseres Landes, der jüngeren und jüngsten jedenfalls, nicht wegzudenken. Und das, was sie verkörpern, deckt sich zwar nicht mit dem, was ich im Lexikon über die Rolle des Fürsten lese: dass er ein »Führer von Völkern« sei, aus den »edelsten Geschlechtern« stamme, dass er – oder stimmt das doch? – eines seiner Hauptbestreben darin sehe, die »Landeshoheit« zu erringen. Und dass im Mittelalter die Kurfürsten den Kaiser zu küren hatten.

Ich erinnere mich an einen langen Abend, den ich mit vielen anderen Zeitungsleuten damit verbrachte, in einem Vorraum der niederösterreichischen Landesparteileitung darauf zu warten, dass ein neuer Bundesobmann der Volkspartei gekürt wurde – von einem Gremium, dessen maßgeblichste Figur ein Landeshauptmann war. Es war eine Nachtwache, wie es sie heute kaum mehr gibt – bis dann Andreas Maurer, Fürst von Niederösterreich, das Ergebnis bekannt gab. Welches es war, ist unerheblich. Wichtig für mich – und für dieses Buch – ist es, dass nicht ein anderer Spitzenfunktionär, sondern gerade ein Landeshauptmann der wichtigste der Kurfürsten gewesen zu sein schien.

Sie sind Fürsten, in der Tat. Als vor vielen Jahren Königin Elizabeth II. in Wien einen Staatsbesuch absolvierte, gab es einen großen Empfang in Schönbrunn. Als die britische Königin mit dem damaligen Bundespräsidenten den Spiegelsaal betrat, wichen die Ehrengäste ehrerbietig zurück, um ein Spalier zu bilden. Das Plaudern verstummte – bis dann einer so behände, wie man es seinem Alter gar nicht zugetraut hätte, vorsprang, vor die Monarchin trat und freudig vermeldete: »I am the Governor of Styria!« Es war – die Szene ist mir so frisch in Erinnerung, als ob sie gestern passiert wäre – Josef Krainer der Ältere. Er sah und fühlte sich als Herrscher, ebenbürtig einem Monarchen. Er war – nun, sagen wir – so etwas wie ein Reichsfürst. Dass diese einst ihre Unabhängigkeit peinlich genau zu wahren wussten, darf als bekannt vorausgesetzt werden.

In der Tat, sie sind von Adel, die Landeshauptleute der Republik Österreich. Dies drückte sich nicht zuletzt darin aus, dass sie, als es den so genannten »Nummernadel« noch gab, ihm in besonderer Weise angehörten. Wollte ich als Bub Landeshauptmann von Niederösterreich werden, weil ich so gerne das »N 1« als Autokennzeichen geführt hätte? Fast hat es mir prominenter ausgesehen als das »W 1« des Bundeskanzlers; welches Kennzeichen der Landeshauptmann und Bürgermeister von Wien führte, war für mich überhaupt belanglos. Er war ja nur Bürgermeister. Erst als ich zum ersten Mal im Roten Salon des Wiener Rathauses die würdigen Portraits der Stadtoberhäupter von einst mit ihren Orden und Bürgermeisterketten sah, ließ ich mich eines Besseren belehren.

Noch einmal: Sie sind von Adel, die Landeshauptleute. Von politischem Adel. Sie residieren standesgemäß, ihre Amtssitze gleichen vielfach Burgen oder Schlössern. Man nennt sie Landhäuser und weiß doch, dass die Bezeichnung »Haus« nicht passt. In Graz sitzt der Landeshauptmann, wie es sich gehört, über der Stadt, in Klagenfurt in einem Renaissancebau, in Salzburg kann er ein palaisartiges Gebäude sein Eigen nennen, das mit der Bezeichnung »Chiemseehof« nur schwach beschrieben scheint.

Hof freilich halten sie alle, auch heute noch. Sie beschäftigen »Wirkliche Hofräte«, und wenn einer von diesen ganz oben gelandet ist, wird er zum »Vortragenden Hofrat« ernannt. Allein, fast alle sind sie Männer aus dem Volk, nicht mehr Landesstatthalter wie einst. Sie waren und sind zumeist Akademiker und sie wollen volkstümlich sein. Nur so ist zu erklaren, dass einer von ihnen in einem Fernsehinterview sagte, er habe nur ein einziges Buch ausgelesen und das sei »Der Schatz im Silbersee« von Karl May gewesen – eine Äußerung, von der er nachher glaubhaft versicherte, sie sei scherzhaft gemeint gewesen. Glaubhaft? Auch seine ursprüngliche Äußerung hat man ihm abgenommen. Politiker haben wenig Zeit zum Lesen.

Sie müssen viel mehr Zeit darauf verwenden, ihre Macht auszuüben – zum Wohl des Landes, wie sie meinen und wie es zumeist auch unbestritten ist. Der langjährige niederösterreichische Landeshauptmann-Stellvertreter August Kargl etwa hat viel von seiner Energie darauf verwendet, die so genannte Wachaustraße durchzusetzen, die als Umfahrung der idyllischen Ortschaften zwischen diesen und der Donau geplant war. Die meisten Zeitungen, auch die »Presse«, haben damals vehement gegen das Projekt Stellung genommen, weil es als Landschaftsverschandelung gesehen wurde. Kargl beharrte auf seiner Idee. Sie wurde realisiert und heute ist sie als Fremdenverkehrsattraktion und Verkehrserleichterung nicht mehr wegzudenken. Auch die letzte Gegenstimme war bald verstummt.

Macht? Es ist eine demokratische – aber Macht bleibt sie dennoch. Der Landeshauptmann ist, auch wenn es die öffentliche Meinung nicht wahr hat, mächtiger als der Bundeskanzler. Gewiss wäre er – oder sie – gern mit der Machtfülle ausgestattet, die ein amerikanischer Gouverneur hat. Josef Krainer I. hat das gewusst, als er sich vor der englischen Königin als »Governor of Styria« bezeichnete. Aber Amerikas Gouverneure haben mit den »checks and balances« zu kämpfen, mit der strengen Aufsicht des Landesparlaments. Österreichs Landtage dürfen den Landeshauptmann küren – ansonsten sind sie mit den Landeskongressen der 50 US-Bundesstaaten nicht zu vergleichen.

Damit mag auch zusammenhängen, dass in Österreich der Wechsel von Landeshauptleuten (und besonders dann, wenn auf einen Landeshauptmann eine -hauptfrau folgt) unter beträchtlichem politischen Trommelwirbel erfolgt. Kein Wun-

der, da die Amtszeit der jeweiligen Landesoberhäupter, wenngleich gesetzlich beschränkt, im Allgemeinen doch wesentlich länger ist als die des Staatsoberhaupts oder des Regierungschefs. Immerhin ist der »Governor of Styria«, der alte Krainer, nicht weniger als 23 Jahre lang Landeshauptmann gewesen, nur vom Tiroler Eduard Wallnöfer, der es auf fast 24 Jahre gebracht hat, übertroffen. Herbert Keßler aus Vorarlberg regierte über 22 Jahre. Der Burgenländer Theodor Kery leitete 19 Jahre lang die Geschicke seines Landes, der Kärntner Ferdinand Wedenig war 18 Jahre Landeshauptmann. Sein Landsmann Leopold Wagner ist immerhin 14 Jahre lang Landeshauptmann geblieben, nicht so lange wie der erwähnte Andreas Maurer aus Niederösterreich, der es 15 Jahre lang war. Was ist dagegen ein Bruno Kreisky mit 13 Jahren oder ein Franz Vranitzky, der zehn Jahre lang Bundeskanzler war!
Dennoch spricht man von einer Ära Kreisky und von einer Ära Vranitzky. Deswegen, weil auf Bundesebene mehr Sichtbares geleistet wurde als in Ländern? Aber hieße das nicht jenen unrecht tun, deren Ära nicht so publik wurde? Sie mögen zufrieden gewesen sein, weil sie gestalten konnten – in ihrem Land, in der Politik, der Landespolitik jedenfalls, manchmal auch in der des Bundes. Es sind vielleicht deshalb keine Quereinsteiger gewesen. Die meisten haben sich hinaufgedient – was keinesfalls abwertend gemeint ist. Quer eingestiegen ist eigentlich nur einer, der Vorarlberger Martin Purtscher, der vom Vorstand der Schokoladenfabrik Suchard kam und unverzüglich die Weihen der Landespolitik empfing.

Auch er hat – noch einmal muss ich es sagen – mehr Macht, viel mehr Macht ausgeübt als die meisten Regierungschefs. Sie haben deshalb auch in der Mehrzahl keine Ambitionen gezeigt, in der Bundespolitik zu höchsten Ämtern und Würden aufzusteigen, sehr zum Unterschied zur Ersten Republik, die etliche Bundeskanzler und zwei Bundespräsidenten aus den Bundesländern verzeichnete. Nach 1945 ist kaum ein prominenter Landespolitiker später zum nicht minder prominenten (und gleichfalls für eine Ära verantwortlichen) Regierungschef aufgestiegen. Einer war der Salzburger Josef Klaus. Ein anderer war der Burgenländer Fred Sinowatz. Von diesem freilich sagte man, er wäre viel lieber statt Bundeskanzler Landeshauptmann geworden – und hätte diese Position auch besser ausgefüllt.

Sind Österreichs Landeshauptleute selbstzufrieden? Nein. Sie wissen nur, wo die Macht wohnt. Sie sind insofern selbstgenügsam, als sie sich bewusst sind, dass es in ihrer Macht steht, Bundesobmänner zu wählen oder zu verwerfen. Dass es in erster Linie die ÖVP-Landeshauptleute sind, denen man solche Macht zuspricht, ist ein Ergebnis der politischen Arithmetik. Nur zwei von neun Ländern haben sozialdemokratische Chefs: Wien und das Burgenland.

Noch einmal: Die Landeshauptleute der Republik Österreich wissen, wo die Macht wohnt. Sie haben sich zumeist die Maxime Julius Cäsars zu Eigen gemacht: lieber in Gallien der Erste als in Rom der Zweite. Kein Bundesland kann man mit Gallien vergleichen, und Wien ist nicht Rom, versteht sich. Jeder Vergleich hinkt, wird gesagt. Dennoch ist es an der Zeit, über einige von jenen zu berichten, die in Gallien die Ersten waren. Den Aufstieg – und manchmal auch den Fall – jener zu beschreiben, die österreichische Langzeitpolitik betreiben konnten, weil sie Langzeitpolitiker waren.

Allein, nicht deshalb wäre ich als Kind gerne Landeshauptmann von Niederösterreich geworden. Mir hat vielmehr das »N 1« so gut gefallen.

Thomas Chorherr

Die Länder haben den Bund begründet

Sie arbeiten nicht, sondern »regieren«. Sie machen abends nicht »blau«, wie fast jeder österreichische Werktätige, sondern sie (müssen) soupieren. Sie werden nicht bittstellig, wie das bei vielen die Art ist, sondern sie intervenieren. Sie können sich mittags nicht mit einer Wurstsemmel zurückziehen, sondern sie dinieren. Und am Wochenende geht's erst so richtig los. Während Österreich vom Bodensee bis zum Neusiedler See dem süßen Weekend obliegt, haben sie zu repräsentieren: Acht gestandene Männer und eine Frau – Österreichs Landeshauptleute. Die gar nicht so heimlichen Regenten der Republik.

Ohne die Länder kein Österreich. Dessen sind sich die Nachfahren der Herzöge, Markgrafen und Fürsterzbischöfe stets bewusst. Nur in Wien vergisst man derlei allzu gern. Es waren die Länder, die zweimal im vorigen Jahrhundert die Republik Österreich begründeten. Nicht der Bund hat die Ländereinteilung vorgenommen, nein: Die Länder erklärten aus freien Stücken ihren Betritt zur Republik. Zunächst – 1918 – zur Republik Deutsch-Österreich, dann – 1945 – zur Republik Österreich, von den Älteren auch einfach die Zweite Republik genannt.

Der Historiker und Journalistenkollege Horst Friedrich Mayer hat den hübschen Aphorismus wieder entdeckt, mit dem Professor Willy Lorenz in seinem Buche »A.E.I.O.U. – Allen Ernstes Ist Österreich Unersetzlich« als Befund für das seltsame Staatsgefüge geprägt hat: Eigentlich, so Lorenz, sollte man das heutige Österreich »Die im Bundesrat vertretenen

Herzogtümer und Länder« nennen. Warum das? Eben durch das freie Bekenntnis der Bundesländer, sich zum Bundesstaat zusammenzuschließen. Dass man in der Eile 1918 vergaß, auch die Niederösterreicher einzuladen, verursachte langfristig keinen Schaden. Die galten ohnehin als das Herzland des plötzlich so klein gewordenen Österreichs.
Alles begann mit ihnen, den ersten Fürsten Österreichs, wenn man den Begriff überhaupt schon verwenden darf: Die Babenberger, ein dynamisches Geschlecht, das innerhalb kurzer Zeit zu bedeutender Macht emporsteigt. Es tritt in verwandtschaftliche (wohl damit auch in freundschaftliche) Beziehungen zum Kaiserhaus, Markgraf Leopold III. wird sogar als Anwärter für die deutsche Kaiserkrone gehandelt. Zwar lehnt der kluge Bursche ab, dafür wird aber seinem Nachfolger außer der Markgrafschaft auch noch das Herzogtum Bayern übertragen. Wir sehen schon: Erstmals greift da aus dieser Keimzelle Österreichs eine Dynastie auf Gebiete, die außerhalb liegen.
Bayern kann zwar nicht gehalten werden, aber die zähen Babenberger erlangen 1156 die Erhebung ihrer Markgrafschaft zum Herzogtum, 1192 kommt das Herzogtum Steiermark dazu. Ein solches Konsolidierungswerk innerhalb von nur 270 Jahren kann nur gelingen, wenn man sich im Reich unentbehrlich macht: Als Bollwerk im stets von Osten und Norden gefährdeten Grenzland. Und sich gleichzeitig langsam, aber sicher vom alten Mutterland Bayern löst.
Als Beispiel für die Gründungsurkunden der Bundesländer mag die »Georgenberger Handfeste« angeführt werden, oft auch die »Magna Charta der Steiermark« genannt. Otakar von Traungau war 1180 im Zuge des welfisch-staufischen Machtkampfes im Reich von Kaiser Friedrich Barbarossa zum Herzog erhoben worden. Da Otakar aber kinderlos blieb, stimmte die steirische Ritterschaft zu, dass der Babenberger Leopold V. das Land erben sollte. Der erste Schritt zur Mehrung des Territorialbesitzes. In dem Abkommen wurden der Adel, die Klöster, aber auch die Bevölkerung am flachen Land vor Übermut des neuen Herrschers geschützt. Da heißt

es: »Von jenen Bedrückungen und Steuereintreibungen, wie sie bekanntermaßen durch österreichische Schergen geschehen, soll das Land, unsere Herrschaft, so wie es bisher war, nach unserem Willen frei sein. Wer immer es sein möge, der nach uns die Herrschergewalt haben wird, er soll diese niedergeschriebene Urkunde ehrlich halten. Sollte er jedoch unter Missachtung der Gerechtigkeit mild zu herrschen verschmähen, sondern wie ein Tyrann sich gegen die Unseren erheben, sollen sie die Freiheit haben, den Kaiserhof anzurufen und vor ihn hinzutreten, um durch diese Handfeste vor den Reichsfürsten ihr unverbrüchliches Recht zu fordern.« Bereits 876 war Kärnten zu einem selbständigen Herzogtum geworden. In Tirol waren es die geistlichen Hochstifte, die Bistümer Trient und Brixen, in Salzburg das Erzbistum, die sich auf Grund ihres enormen Grundbesitzes allmählich selbständig machten. In Tirol gingen aus dem Gerangel zwischen geistlicher und weltlicher Macht schlussendlich die Grafen von Tirol als Sieger vom Platz, in Salzburg konnten sich die Erzbischöfe behaupten. Und sie wussten um ihre Bedeutung. Auch dann, als es gegen Ende des 13. Jahrhunderts den Habsburgern gelungen war, auch noch Kärnten, Krain, Tirol und Görz dazuzuerwerben.

Und daher blieben sie auch unterschiedlich in ihrer Mentalität. Das lokale Selbstbewusstsein spinnt sich wie ein roter Faden durch die rot-weiß-rote Geschichte. 14 Tiroler Landesherren besiegelten im Namen aller Stände jene Urkunde, mit der die Markgräfin Margarethe Maultasch ihr Land Tirol den Habsburgern übergab. In diesem Dokument werden alle bisherigen Rechte an Lehen und Pfandschaften ausdrücklich von den neuen Landesherren bestätigt. Da war man heikel. Auf das »Landlibell« der Tiroler, das den freien Bauern das Tragen einer Waffe gestattete, war man nicht nur im Mittelalter stolz, sondern das scharf gebellte Wörtchen »Landlibell« führte noch der selige Landeshauptmann Eduard Wallnöfer stets im Munde, wenn er auf Wahlkampfreisen Stimmen einkassieren fuhr.

»Den Kaiserhof anzurufen und vor ihn hinzutreten ...«: Versteht man jetzt besser, warum gerade die Steirer Mitte der 80er-Jahre zum Aufstand »gegen Wien« bliesen, als ihnen die Bundesregierung 24 Bundesheer-Jets ohne viel Fackeln auf steirische Flugplätze stellte? Man fühlte sich von den »Herrschern« in Wien übel behandelt, man fühlte sich tatsächlich im Recht. Und so griffen die Steirer zu allen im demokratischen Rechtsstaat gerade noch zulässigen Mitteln – verloren aber. Die Zentralgewalt hatte den längeren Atem, saß auf dem längeren Hebelarm.

Der Kampf um Österreichs Saab-»Draken« war mehr als nur eine Aufregung und ein Ärgernis. Es handelte sich um eine innenpolitische Krisensituation, die zu einer lang anhaltenden Verstimmung zwischen Bund und Land geführt hat. Profitiert haben die kämpferischen Steirer davon nicht. Das ist in der Rückschau evident.

Josef Krainer II. war beileibe nicht der einzige Landeshauptmann (aber wohl der bedeutendste), der in die Zwickmühle geriet, die Österreichs Bundesverfassung für die Landeshäuptlinge bereithält: Der Landeshauptmann wird vom Landtag auf seine Pflichten gegenüber dem Land vereidigt. Unmittelbar darauf erscheint er in der Wiener Hofburg, um dem Bundespräsidenten »unverbrüchliche Treue« gegenüber der Republik in die Hand zu geloben. Er ist somit Chef der Landesregierung und der Landesverwaltung, zugleich aber »Träger der mittelbaren Bundesverwaltung«. Und in dieser zweiten Eigenschaft unterliegt er Weisungen der Wiener Bundesregierung bzw. einzelner Minister. Die Gegenleistung ist nicht gerade üppig: Ein Dienstauto zahlt der Bund.

Auch der verstorbene Salzburger Landeshauptmann Wilfried Haslauer wollte es einmal genau wissen. Es ging 1984 um die Frage, ob ein Landeshauptmann aus eigener Machtvollkommenheit die Geschäfte am Marienfeiertag 8. Dezember offen halten darf oder nicht. Haslauer wähnte sich in einer starken Position, ließ die Geschäftsleute gewähren – und wurde von der Republik beim Verfassungsgerichtshof geklagt. Die Ver-

urteilung blieb ohne rechtliche oder politische Konsequenzen. Auch sonst bleibt so manches in Schwebe. Die neun Landeshauptleute treffen einander regelmäßig zur Vollsitzung – aber das Gremium »Landeshauptleutekonferenz« gibt es in der Verfassung gar nicht. Es ist die Realpolitik, die hier die Linie vorgibt. Die Ergebnisse der Tagungen haben Auswirkungen nicht nur auf die Länder, sondern auf alle Gebietskörperschaften, Kommunen eingeschlossen. Alle sechs Monate wechselt der Vorsitz parallel zu der Rotation im Bundesrat. Und naturgemäß nützt der jeweils vorsitzende Landeshauptmann seine Chance, auf Bundesebene Profil zu gewinnen.
Dass dabei Kärnten derzeit einen Sonderfall darstellt, ist klar. Denn hier hat die FPÖ mit Jörg Haider nicht nur den einzigen Landeshauptmann, sondern einen bundespolitischen Mitspieler, der die Wiener Großwetterlage bestimmt, ganz gleich, ob er nun Parteiobmann oder einfaches Mitglied ist. Der wirkliche »big player« in diesem Konzert der Länder ist aber nach wie vor die Bundeshauptstadt Wien, die einzige Millionenstadt der Alpenrepublik, Herz und Motor der innerösterreichischen Vorgänge – nach wie vor. Wenn die Wiener Bürger zur Gemeinderats- (= Landtagswahl) aufgerufen sind, dann ist das gleich jeder fünfte Österreicher. Und der Landeshauptmann von Wien (= Bürgermeister) repräsentiert ein Fünftel von Österreich. Die besondere Bedeutung Wiens gründet nicht auf dem Umstand, dass die Stadt auch Bundesland ist – nein, das ist auch Hamburg, ist auch Bremen. Die wahre Stellung der Stadt, an diesem armseligen Rinnsal namens »Wien« gelegen, ist woanders zu suchen: Sie ist im Verhältnis zu ihrem Umland viel zu groß. Vergleichbar nur mit Berlin, mit London und Paris, hat die Stadt seit Mitte des 19. Jahrhunderts Millionen angezogen, fasziniert, in ihren Bann geschlagen.
In der einstigen »Reichshaupt- und Residenzstadt« akkumulierten sich Geistesadel und Geldaristokratie, Reichtum und Esprit, Abenteuertum und Verkommenheit, übertriebener Pomp und religiöse Bigotterie, tiefste Erniedrigung und

menschlicher Abschaum. Karl Kraus, dieser verzweifelte Spötter und Hasser und Liebende, hat es auf den Punkt gebracht: »Wien bleibt Wien – eine gefährliche Drohung.« Den eingesessenen Wienern wird diese (Ab-)Wertung ziemlich schnuppe sein. Seit Jahr und Tag haben sie bei Wahlen der Sozialdemokratie eine komfortable Mehrheit gegeben. Und sie denken gar nicht an eine Veränderung ihrer politischen Verhältnisse.

Nur in zwei Ländern haben sich in den vielen Jahrzehnten seit den ersten freien Wahlen 1945 die politischen Gewichte spürbar verschoben. Das Burgenland – zunächst »schwarz« regiert, wechselte im Jahr 1964 die Farbe und ist seitdem »rot«. Und Kärnten – traditionell »rot« – bekam zunächst 1989 einen FPÖ-Landeschef, nach dessen Abwahl 1991 durch den Landtag einen »schwarzen«, danach seit April 1999 wieder einen »blauen«, eben Jörg Haider.

Wir sind schon in der Gegenwart. Sie ist besser verständlich, wird plastischer und lebendiger, wenn wir jene Landesherren Revue passieren lassen, die seit 1945 die Politik ihres Landes geprägt und die Politik des kleinen Österreich maßgeblich mitbestimmt haben. Mehr oder minder. Und wir bleiben gleich beim vorhin schon erwähnten »Walli von Tirol«.

Alpenkönig und Menschenfreund

EDUARD WALLNÖFER

Der Herrgott, zu dem er zeitlebens ein ganz besonders, ein sehr persönliches und eigenwilliges Verhältnis hatte, dieser Herrgott meinte es zuletzt nicht gut mit ihm. Denn das Fiasko der Tiroler ÖVP in der Landtagswahl 1989 musste er noch klaren Sinnes miterleben, vier Tage später, am 16. März 1989, war er tot. Lungenentzündung. Da hatte Eduard Wallnöfer die Geschicke seines Bauernbunds, seiner Volkspartei und seines Landes Tirol schon lang aus der Hand gegeben. Der von ihm eingesetzte Nachfolger in allen Funktionen, der »g'studierte« Bauernfunktionär Alois Partl, hatte weder das Charisma noch die Chance, an die goldenen Zeiten des »Walli« auch nur irgendwie anzuschließen.

Eduard Wallnöfers Leichenbegängnis wurde zum Staatsakt, der Trauerzug bewegte sich vom Landhausplatz durch die Innenstadt zum Dom zu St. Jakob, die Beisetzung selbst erfolgte im engeren Familienkreis auf dem kleinen Friedhof seines Heimatortes Barwies. Der letzte Patriarch unter den österreichischen Landeshauptleuten war – 75-jährig – abgetreten. Ein bäuerlicher Provinzfürst, der sich aus Äußerlichkeiten aber nie allzu viel machte. Einzig auf seine Schützenuniform war er stolz, dieses Zeichen des freien Tiroler Bauern, sonst kannte man ihn eher in verknautschten dunklen Anzügen, die so gar nicht zum Bild eines hohen Politikers passten. Knappe 1,69 Meter groß, aber stattliche 85 Kilogramm schwer, mit der Passion für die Jagd, mit der zünftigen Lieblingsspeise Tiroler Knödel. Auf dem gedrungenen, immer ein bisschen gebückten Körper ein mächtiger Schädel mit widerspenstigem Haarschopf.

Barwies, Post Obermieming, westlich von Innsbruck. Der stattliche Bauernhof war der ganze Stolz, der Lebensmittelpunkt des Agrarfunktionärs Wallnöfer. Und dennoch hat er nie Zeit gefunden, den Hof, in den er eingeheiratet hatte, selbst zu bewirtschaften. Dort führte Ehefrau Luise (Aloisia, geborene Thaler) das Kommando, später der Sohn Benedikt. Den hatte er 1963 – schon als aktiver Landeschef – vom Militärdienst befreien lassen: Der Politiker benötigte den Sprössling auf dem Hof. Wallnöfer wusste, was er an Barwies hatte. Daheim war er ein geliebter brummiger Patriarch, der tat, was die Gattin wollte. Und die war nicht sonderlich begeistert von einem Brauch, den der Landeshauptmann regelrecht kultivierte: Frühmorgens, vor der Fahrt mit dem alten schwarzen Dienst-Mercedes hinein in die Stadt, konnten die Nachbarn und Ortsbewohner ihren Heimvorteil nutzen. Da saß oft einer wartend auf der Ofenbank, um sein Anliegen dem prominenten Mitbürger auf den Weg in die Stadt mitzugeben. Daher musste schon zu nachtschlafender Zeit der »Dienst habende Sekretär« in Barwies aufkreuzen, um den Chef ins Amt zu begleiten.

Auf dem 35 Minuten dauernden Weg nach Innsbruck kritzelte der »Graf von Tirol« im Auto bei flotter Fahrt eine ganz spezielle Problemliste in seinen Terminkalender. Zur Verzweiflung der Mitarbeiter begann er die dann am Vormittag abzuarbeiten, statt sich an vorgegebene Tagesordnungen zu halten. Ein chaotischer Arbeiter, der sein Wissen bei sich behielt, wenig delegieren konnte.

Am 11. Dezember 1913 hatte er auf dem Mairhof im Weiler Gschneir im südtirolerischen Schluderns das Licht der Welt erblickt. Zu den Vorfahren zählten Adolf Wallnöfer, Hofopernsänger in Wien, und Maria Wallnöfer, Mitglied der Mailänder Scala. Doch der Vater, der Mairhofer zu Gschneir, fiel als Kaiserjäger im Weltkrieg an der italienischen Front. Mit seiner Mutter zog der Halbwaise zu Verwandten nach Oberhofen bei Telfs in Nordtirol. Es waren harte, bittere Lehrjahre. Stets sollte er sich an die ärmliche Jugend erinnern, sie prägte seine spätere Einstellung als Politiker zu sozialen Fragen. Seinen nicht sonderlich geliebten sozialistischen »Vize« Herbert Salcher entwaffnete er einmal, als sie in einer Fürsorgeangelegenheit nicht übereinstimmten: »Sein Sie, Herr Dokta, barfuß in die Schul gangn? I schun, i woaß, was es hoaßt orm sein!«

Nicht nur der Verlust des Vaters sollte den Buben prägen, sondern auch der Verlust der Südtiroler Heimat. Hierin liegt auch der eigentliche Grund für das ganz persönliche Verhältnis, das Wallnöfer zu Bruno Kreisky hatte. Der jüdische Großbürgersohn, dessen Vorfahren aus Böhmen stammten, konnte das Schicksal der 1945 ausgetriebenen Deutschen besser nachfühlen als viele seiner Zeitgenossen. Das band die beiden Unverwechselbaren aneinander.

So stolz Wallnöfer also auf die Berufsbezeichnung »Bauer« war, seine Funktionen ließen ihm keine Zeit dafür. Schon vor der Heirat im Zweiten Weltkrieg arbeitete der Jungbauern-Ortsobmann von Oberhofen als Interessenvertreter im Bezirk Imst, 1938 war er schon Geschäftsführer der landwirtschaftlichen Genossenschaft im Bezirk. 1939 bis 1940 musste er als Funker zur deutschen Wehrmacht, doch das Schicksal war ihm gnädig. Er durfte zurück – als Geschäftsführer des Tiroler Brauntierzuchtverbandes. Und so stand er 1945 bereit, als es an den Wiederaufbau des Landes und seiner Verwaltungsstrukturen ging. Er begann bescheiden. Als Sekretär der Bezirkslandwirtschaftskammer.

Kettenraucher Wallnöfer kam viel herum. Und trotz junger Vaterwürden spät heim. Immer wieder »verhockte« er sich mit den Bauern in den Wirtshäusern bei einem »Halbele« Roten – eine Gewohnheit, die er später als Landeshauptmann zum Kult ausbauen sollte. Man kannte ihn bald in der Gegend. Man schätzte ihn. Man amüsierte sich über sein unverfälschtes Vintschgauer Idiom. Und man schickte ihn als ÖVP-Mandatar in den Tiroler Landtag. Das war 1949. Und seitdem, bis 1978, gehörte er dieser Körperschaft an. Bald machten sie ihn zum Landesregierungsmitglied – als Agrarlandesrat. Der bullige Bauernfunktionär hatte sich um zusätzliche »G'schaftln« zwar nicht gerissen, aber man überhäufte ihn mit Zusatzaufgaben. 1958 war er zum Obmann des Tiroler Bauernbundes der ÖVP gewählt worden, ab August 1961 führte er die Tiroler ÖVP.

1961. Ein Schicksalsjahr für Österreich, für Italien, für die beiderseits gespannten Beziehungen. Eine Schicksalsmarke für Südtirol und für die beiden Schlüsselfiguren Wallnöfer (48) und Kreisky (50). Landeshauptmann Wallnöfer hatte in die-

ser schwierigen Zeit das Referat »Südtirol« zur Chefsache erklärt und seinem Kompetenzbereich eingegliedert. Denn wenn hier noch die Emotionen im Zaum gehalten werden konnten, dann nur von ihm. Und von seinem kongenialen Partner in Südtirol, Silvius Magnago.
Es war die Zeit des Widerstandskampfes der Südtiroler gegen einen heute unvorstellbaren Assimilierungsdruck des italienischen Staates. Durch eine gezielte Unterwanderungs- und Italienisierungspolitik waren jährlich Tausende Südtiroler gezwungen, ins Ausland abzuwandern, um Arbeit zu finden. In den öffentlichen Arbeitsstellen und den neu erbauten Volkswohnhäusern bekamen 90 Prozent zugewanderter Italiener und nur zehn Prozent ansässige Deutsche einen Platz. Durch die simple Zusammenlegung der Provinz Bozen mit jener von Trient hatten plötzlich die Italiener eine Zweidrittelmehrheit und konnten so den »Pariser Vertrag«, also die Autonomie der deutschen Bevölkerung, aushöhlen.
Nord- und Südtiroler wollten nicht mehr länger zuschauen. Es entstand der »Befreiungsausschuss Südtirol« (BAS) mit dem Schriftsteller Wolfgang Pfaundler und dem Universitätsprofessor Helmut Heuberger als Proponenten, der Wiener Großverleger Fritz Molden war Mitglied, ebenso Gerd Bacher, Journalist in Salzburg. Im Herbst 1959 hatten sich die BAS-Köpfe schon im Alpbach beim »Achenwirt« zur konspirativen Sitzung getroffen: Die Südtiroler Widerständler Luis Amplatz, Georg Klotz, Sepp Kerschbaumer, der Nordtiroler Landesrat Alois Oberhammer (Onkel des späteren ORF-Generalintendanten).
Protokolle der Sitzungen gingen stets an Wallnöfer und Magnago direkt. Doch offiziell durften sie davon nichts wissen. »Das wär ja ein Wahnsinn gewesen«, beschreibt Fritz Molden die Lage. »Aber g'wusst ham s' alles. Am besten informiert war der Außenminister, der Kreisky. Immer wieder hat er, der ja weite Wanderungen mit seinen Gedanken gemacht hat, zu uns gesagt: Schauts euch doch einmal Algerien an, Zypern, Israel. Ohne Kampf gibt's keine Freiheit!«

Und so schritt diese »erste Generation« von Widerstandskämpfern zur Tat. Molden wehrt sich noch heute vehement gegen »Forschungsergebnisse« Nachgeborener, die von nationalistischem Terror gegen die italienische Bevölkerung sprechen. »Das waren erzkatholische Burschen. Zwei waren Bauern, der Kerschbaumer ein Kaufmann. Genauso war's in Nordtirol: Heuberger, Klier stammten aus antinazistischen Familien, Pfaundler war Ober-Widerständler, Partisanen-Capo vom Ötztal, der Oberhammer, der alte Gamper – ein KZler. Es ist absurd, denen auch nur NS-Nähe nachzusagen. Der Bacher und ich, wir hätten den Raum verlassen, wenn da ein Nazi hereingekommen wäre.«

Was wussten also Wallnöfer und Kreisky? Moldens Darstellung als Zeit- und Augenzeuge: »Als der Aluminium-Duce, dieses Mussolini-Denkmal bei Waidbruck, gesprengt wurde, sind Klier und Pfaundler zu uns nach Wien gekommen. Jubelnd. Sie haben mir ein Stück Aluminium zum Andenken überreicht und von mir sind sie zum Kreisky gegangen. Der sagte ihnen: ›Auf a paar Masten mehr oder weniger soll's mir net ankommen.‹ Ein berühmter Satz.«

Den Satz soll Kreisky – man muss sich immer vor Augen halten: Außenminister des kleinen, offiziell mit Italien befreundeten Österreich – vor einem Dutzend Ohrenzeugen wiederholt haben. In Alpbach war das. Wallnöfer saß da, Christian Broda, dessen Sekretär Michael Neider, Moldens Frau. Da wetteiferten der Tiroler Wallnöfer und der Wiener Kreisky geradezu, wer mehr für die Südtiroler getan hätte. Und beide waren der Meinung: Die Mastensprengungen waren in Ordnung. Notwendig, um die Weltöffentlichkeit aufzurütteln.

Die Nordtiroler (Pfaundler & Co.) hatten die Anschläge allein organisiert. Denn zuvor – im Dezember 1960 – hatte sich der BAS gespalten. Molden, Bacher, Lersch wollten noch ein halbes Jahr warten, bis man zuschlägt. Man müsse die Italiener noch weiter ins Unrecht setzen. Georg Klotz widersprach Molden: »Du willst die Walschen so lang ins Unrecht setzen, bis kan Südtiroler mehr gibt!«

Eduard Wallnöfer und Bruno Kreisky

Am 1. Juni 1961, Fronleichnamstag, trafen sich Aktivisten aus allen drei Tiroler Landesteilen auf neutralem Boden in Zernez in der Schweiz. Ihr Flugblatt, das sie danach veröffentlichten, war eine einzige flammende Anklage gegen den italienischen Staat mit der Forderung nach Selbstbestimmungsrecht für Südtirol, auf das die Bevölkerung seit 1919 vergebens gehofft hatte. »In dieser Stunde erheben sich die treuesten Söhne unserer Heimat gegen die Gewalt und schreiten schweren Herzens – so wie anno 1809 – zur Tat. Nicht der Hass gegenüber Menschen einer anderen Sprache leitet uns: Unsere Erhebung ist Notwehr gegen einen Staat, der uns unseres Volkstums wegen verfolgt und geistig und physisch vernichten will ...« Und dann folgte das Wort des Kanonikus Gamper, der seinen Landsleuten in der schweren Zeit nach dem Ersten Weltkrieg Leitfigur war: »Ein Volk, das um nichts anderes kämpft als um sein natürliches und verbrieftes Recht, wird den Herrgott zum Bundesgenossen haben.«

Und Wallnöfer. Und Kreisky. Das stand freilich nicht in dem Aufruf. Die ersten Strommasten wurden gesprengt, die »Presse« stand der »Feuernacht« zunächst fassungslos gegenüber: Sie schrieb von »Aufstand«, der bis zum Bürgerkrieg führen könne. Und das, obwohl sie mit Claus Gatterer einen gebürtigen Südtiroler in ihrer außenpolitischen Redaktion hatte. Erst als Italien 15000 Mann Polizei und Carabinieri-Einheiten in die unruhige nördlichste Provinz geschickt hatte, als es zu wilden Verhaftungen, Folterungen und Todesopfern gekommen war, schlug die Stimmung in Österreich zu Gunsten der Südtiroler um.

Schon 1960 hatte Außenminister Kreisky den Fall – begleitet von Molden und dem Außenamtsbeamten Kurt Waldheim – bei der UN-Vollversammlung in New York der Weltöffentlichkeit vorgelegt. Seit damals arbeiteten stille Diplomatie und mit Sprengstoff versorgte Widerstandskämpfer am selben Ziel: Autonomie für dieses von Österreich abgetrennte Stück Tirol, wenn schon nicht das Selbstbestimmungsrecht durchsetzbar sein sollte. Wallnöfer hat seine Einschätzung des deutschen Gegenterrors gegen die italienische Vergewaltigung später ganz einfach zusammengefasst: »Die sollen nit wia Verbrecher, sondern wia Menschen behondelt werd'n. Sie hoben schließlich aus Liebe zur Heimat g'hondelt.« (1963). Und Molden meint im Rückblick: »Wir wollten da nicht mitmachen, auch wenn wir mit humanitärer Hilfe weiter zur Verfügung standen. Nachträglich muss ich sagen: Die haben Recht gehabt. Denn, was jetzt in Südtirol da ist, nämlich tiefster Friede, wäre ohne diese Widerstandsaktionen nicht zu schaffen gewesen.«

Aus dieser Verbundenheit zur alten Heimat resultierte das von Außenstehenden oft belächelte Ritual, das Wallnöfer in seiner Amtszeit als Landeshauptmann (ab 1963) einführte: Jeden Dienstag bei der Regierungssitzung stand als Tagesordnungspunkt Nr. 1: »Südtirol«. Ganz gleich, ob es was zu berichten gab oder nicht. Und später, viel später dann, als der »Walli« das Land bereits ähnlich altväterlich regierte wie Bruno Kreisky ganz Österreich, verlieh der »Alpenkönig« dem Wiener »Sonnenkönig« eine Auszeichnung für dessen Verdienste um Südtirol, die wie ein Heiligtum gehandelt wird: den Tiroler Adlerorden. Erster Klasse, versteht sich. Als Wallnöfer von der »Wochenpresse« einmal nach seiner Lieblingsgegend in Österreich befragt wurde, antwortete er listig: »Südtirol.« Und setzte hinzu: »Von mir werdn Sie wohl nit verlangen, dass i Siedtirol eppa zum Ausland zähl.«

»Herr Dokta, Sie wern däs a no lernen: Däs Land kann man nur regieren mit jeden Tag an Missbrauch der Amtsgewalt«, belehrte er einmal einen Neuling in der Landesregierung. Ein Sturm der Entrüstung wehte bis nach Wien, der »Walli« schmunzelte nur über derlei Aufgeregtheit. »Er meinte nicht den strafrechtlichen Tatbestand«, sagt Herbert Salcher, der spätere SP-Gesundheits- und Finanzminister und langjährige Widerpart im Tiroler Landtag, »sondern die für ihn oft unverständlichen Formvorschriften der Advokaten.« Nein, wirklich geliebt hat er die »G'studierten« nie, er hat sich auch nie völlig in ihre Hände begeben. Wenn ihm die Sache wirklich wichtig war, setzte er nicht auf die hofrätlichen Redenschreiber aus seiner Pressekanzlei, sondern hockte sich hin und kritzelte in Kurrentschrift selbst Stichworte aufs Papier. Dies kam freilich nicht sehr oft vor. Wallnöfer verließ sich auf die freie Rede, die er häufig mit dem liebevoll belächelten »I hab das Gefiehl ...« einleitete. Das war so populär wie Kreiskys gebrummeltes »Ich bin der Meinung ...«. Da war Wallnöfer authentisch. Anpassungsfähig.

Bis zur Unkenntlichkeit übrigens. 1972 trafen einander die Spitzen der Sozialistischen Internationale in Igls bei Innsbruck: Willy Brandt, Bruno Kreisky, die Italiener De Martino und Saragat. Und viele andere. Der ÖVP-Landeshauptmann Wallnöfer gab ein Abendessen und hielt dort eine Rede, so geschickt, so einfühlsam, dass kein Mensch auf die Idee gekommen wäre, Wallnöfer sei kein »Sozi«. Kurz später kam ein Danktelegramm Saragats an die Tiroler SPÖ-Parteizentrale: »Ich danke der SPÖ für die Tagung, die in der Gastarbeiterfrage wesentliche Fortschritte brachte. Ich danke den Tiroler Freunden für die ausgezeichnete Organisation und bitte, diesen Dank an den Genossen Wallnöfer weiterzuleiten.«

Da stand er schon ganz oben auf dem Podest. Seit 1963 konnte er mit seiner Volkspartei die Mehrheit im Landtag immer noch ein bisschen ausbauen, bis zur unglaublichen Marke von 64 Prozent, über die Zweidrittelmehrheit bei den Mandaten. Seine 25-Mann-Fraktion tat, was er für gut und richtig befand, die neun SPÖ-Abgeordneten und die zwei Freiheitlichen hatten dem wenig entgegenzusetzen. Man ließ sie leben, solange sie nicht allzu unbotmäßig agierten, man duckte sie, wenn sie aufbegehrten. So 1971, als Wallnöfer einmal vor dem Verfassungsgerichtshof Unrecht bekam. Die Mandatsverteilung dieser vom Minderheitskabinett Kreisky vorgezogenen Nationalratswahl beruhte noch auf den Volkszählungsergebnissen des Jahres 1961. Tirol hatte inzwischen stark an Bevölkerung zugenommen, Wallnöfer wollte, dass das Ergebnis der Volkszählung 1971 berücksichtigt werden sollte, was der ÖVP einen gewissen Vorteil verschafft hätte. Die Wahl brachte Bruno Kreisky erstmals die absolute Mehrheit im Nationalrat, das Land Tirol (die ÖVP-Mehrheit) wandte sich an das Höchstgericht, die Klage wurde abgewiesen. Und so kam es zu einem legendären Wortwechsel in der Regierungssitzung. Beim Tagesordnungspunkt »Berichte« meldete sich Landeshauptmann-Stellvertreter Herbert Salcher:

»Sie sollten doch über den Inhalt des Wahlrechtserkenntnisses des Verfassungsgerichts berichten.« – »Däs hab i jiatz ganz vergessen. Ja, wir hab'n verspielt. Sie wern däs ja verstian, dass 80000 Tiroler ohne Wahlrecht sein, Sie sein ja a Jurist.« – »Die Wahl ist vorbei, wir werden weiter zusammenarbeiten müssen, um in Wien möglichst viel für Tirol herauszuholen. Diese Zusammenarbeit fiele mir leichter, wenn Sie einen Satz der Entschuldigung fänden für ÖVP-Äußerungen wie ›Salcher, der kleine Finger Kreiskys in Tirol‹ oder ›Salcher, der neue Raffl‹.« – »I hab schon g'sagt, dass i däs Erkenntnis nit verstea. Wer kann a verstian, wenn 80 000 Tiroler ihr Wahlrecht verliern?« – »Also, ich seh schon, ein Satz der Entschuldigung ist Ihnen zu viel. Einigen wir uns auf einen Halbsatz.« – Wallnöfer, treuherzig: »Ob Sie däs glabn oder nit, in der Richtung fallt mir heit gar nix ein.«

Der Verbundenheit mit der alten Heimat entspringt auch eine weitsichtige politische Aktion, die Wallnöfer zunächst fast im Alleingang initiierte. Das ist die Arge Alp. Am 12. Oktober 1972 konnte »Walli« im tirolerischen Mösern diese »Arbeitsgemeinschaft Alpenländer« in feierlicher Form aus der Taufe heben. Hintergedanke war zweifellos, die drei Tiroler Landesteile wieder enger zusammenzuführen, lang bevor die Staatsgrenzen durch den EU-Beitritt obsolet wurden. Und weil er ein Pragmatiker allerersten Sorte war, richtete er der Arge Alp gleich im Innsbrucker Landhaus die Geschäftsstelle ein. Neben den »drei Tirols« holte Wallnöfer gleich von Anbeginn die Länder Vorarlberg und Salzburg, Bayern, Graubünden und die Lombardei ins Boot. Das Trentino stieß 1973 dazu, gefolgt von den Kantonen Sankt Gallen (1982) und Tessin (1986). Baden-Württemberg, seit 1989 Beobachter, wurde schließlich 1992 aufgenommen.

Was vordergründig grenzüberschreitenden Verkehrsproblemen diente, hatte freilich – wie alles, was Wallnöfer mit Verve betrieb – einen konservativen politischen Hintersinn. In Italien geisterte das sehr reale Szenario einer Machtübernahme durch die Kommunisten durchs Land. Ein konservativer Riegel im Norden – alle Mitgliedsländer wurden anfangs bürgerlich regiert – sollte ein Überschwappen des Eurokommunismus verhindern helfen. Dass es ganz anders kam, dass diese Vorsichtsmaßnahme letztlich nicht notwendig war, das konnte man damals nicht voraussehen.

Aus demselben Grund sperrte sich der Gründervater auch gegen Avancen seitens Sloweniens. Das wurde damals noch zentral vom kommunistischen Regime in Belgrad gelenkt – und dagegen hatte Wallnöfer sehr viel. Er glaubte nicht an die Lernfähigkeit kommunistischer Ideologen, auch wenn sie nicht dem Warschauer Pakt angehörten und dem Ostblock den Rücken gekehrt hatten.

Was nicht ganz im Sinne des Erfinders ablief, das war die Haltung zur Verkehrs- und Transitproblematik in Europa. Binnen weniger Jahre hatte sich nämlich die Position der Mitgliedsländer radikal gewandelt. Das Irrsinnsprojekt »Alemagna«, also die umweltverpestende Expressverbindung Ulm – Mailand, war von der Arge Alp schon recht bald zu Grabe getragen worden. Im Jahr 2000 hätte ihr Gründer die Arge Alp nicht wiedererkannt: Just auf Druck der Österreicher unterzeichneten die Anrainerstaaten die so genannte »Alpenkonvention«, die zehn Jahre lang verhandelt worden war. Im Verkehrsprotokoll wurde erstmals der Verzicht auf den Bau hochrangiger Straßen für den alpenquerenden Verkehr festgeschrieben. Damit war unter Wallnöfers Nachfolgern etwas erreicht, was zu dessen Lebzeiten kein wirkliches Thema war: Der umfassende Schutz der Alpen vor jeglichen Anschlägen des Menschen und der angeblichen Zivilisation.

Wallnöfers Weitblick bei der Gründung der Arbeitsgemeinschaft hat sich somit segensreich ausgewirkt, wenngleich die Ziele heute anders als bei der Gründung sind. Wie gut das Modell war, zeigte sich bald: Im Jahr 1978 schloss sich eine »Arbeitsgemeinschaft Alpen – Adria« dem bewährten Vorbild an, 1990 folgte die »Arge Donauländer«, gegründet in der Wachau. So wirkt Wallnöfers ordnende Hand noch heute in gewisser Weise nach.

Sein Arbeitszimmer im Landhaus lag – nicht ganz untypisch – weitab von den Büros der übrigen Regierungsmitglieder. Ein Saal schon eher als ein Büro, weil das der Respekt der Leute vor ihrem Landeschef anscheinend so verlangte. Im Amt, da konnte er nicht nur streng und grantig sein, da hielt er auch auf Etikette. »Der Londeshauptmann, das isch a Kombination zwischn Bundespräsident und Bundeskanzler«, stellte er 1978 fest, als ihn eine Schulklasse besuchte. Und so regierte er auch. Ein Teamarbeiter war er nicht wirklich, wie seine Mitarbeiter schildern. »I versteh net, dass ma sagt, dass ich a Diktatur ausüb«, sinnierte er einmal. »Ich behondl die Menschen doch menschlich, i gib koane Befehle, i hör schon gern zwei oder drei Seiten, bevor i entscheid.«

Er erstritt, was er sich in den Kopf gesetzt hatte: Er stampfte ein Straßennetz aus dem Boden, luchste dem Bund für den beschleunigten Autobahnbau Finanzmittel ab, ließ Wasserkraftwerke errichten und den Arlbergtunnel planen – alles zu einer Zeit, da die Ökologiebewegung gerade anfing, die Sinnhaftigkeit derartigen Betoniererwahns zu hinterfragen. Für Wallnöfer gab's da kein Halten. Die Speicherkraftwerke im Zillertal, in Kühtai sollten Geld ins Land bringen. Flussregulierungen sollten Arbeitsplätze schaffen und die Naturgewalten zähmen. Ihm war das Schicksal der »Schwabenkinder« unauslöschlich ins Herz gegraben, Tiroler Kinder also, die im 18. Jahrhundert ihre magere Arbeitskraft als Hirten im Schwabenland verkaufen mussten, weil es daheim kein Brot gab. Nie mehr dürfe es dazu kommen. Auch das erinnert frappant an Bruno Kreiskys Sorge vor einer Wiederkehr der Massenarbeitslosigkeit der 30er-Jahre. Und gerade weil er sich als Bauer fühlte, war die Schönheit der Natur für ihn ein Arbeitsfeld, fern jeglicher Romantik. Für den Bauern ist der Ochse zuvorderst einmal Fleisch, sprich: Bargeld. Und die Wiesen und die Blumen zuerst einmal Heu. Sich an den Naturschönheiten zu freuen, dafür hat der Bauer wenig Zeit, dafür ist der Städter da. Herzlich willkommen, wenn er sommers die letzte Fremdenpension belegt und winters die Skipisten. Daher rührte auch seine Verärgerung, als die Naturschützer die Umballfälle vor dem geplanten Eingriff retteten. Wallnöfer war das gar nicht recht. Er glaubte besser zu wissen, was dem Land gut tat.

Wallnöfer ließ also Autobahnen bauen. Weil er glaubte, damit dem Fuhrgewerbe zu dienen. Er forcierte die Errichtung von Seilbahnen. Weil er wähnte dem Tourismus zu dienen. Ja, er forcierte lange Zeit – unter dem Einfluss seines Spezls Ru-

dolf Schwaiger (ein Großfrächter) – das Projekt »Alemagna«: Eine Autobahn, die das Zillertal zubetoniert hätte. In München gab's schon eine Planungsgesellschaft, in Wien versprach der Bundesratsvorsitzende »Rudl« Schwaiger dem Zillertal einen Geldsegen. Bürgerbewegungen, Petitionen ließen Wallnöfer kalt. Wenn er einen Schwenk seiner eigenwilligen Politik vornahm, dann schon auf Grund eigener Witterung, sicher nicht unter Druck von außen oder der Androhung einer Volksbefragung. Davon hielt der Autokrat wenig. Bei der »Alemagna« allerdings merkte der schlaue Fuchs bald, dass er sich verstiegen hatte. Die Zillertaler waren geschlossen gegen das Projekt. Sie hätten leicht als Wähler abtrünnig werden können. Und so geschah das Unglaubliche im Landtagswahlkampf 1974.
Auf dem Marktplatz von Mayrhofen hörte er sich das flehentliche Bitten des Bürgermeisters eine Zeit lang an, die liebliche Fremdenverkehrslandschaft doch nicht zu opfern. Dann dämpfte er die Zigarette ab und nahm das Mikrofon zur Hand: »Solang i was zu sog'n hab im Land, werd so was nit gebaut werd'n.« Die Mayrhofener waren gerührt, die Stimmen waren gesichert – und Rudolf Schwaiger schluckte neben seinem Herrn und Meister einmal kräftig. Die Kehrtwendung seines Chefs und Freundes nahm er gottergeben zur Kenntnis.
1978 – die Grünbewegung war schon halbwegs formiert – brach dann sowohl für Kreisky in Wien als auch für Wallnöfer in Innsbruck eine Welt zusammen. Am 6. November feierte halb Österreich das – negative – Ergebnis der Volksabstimmung über die Inbetriebnahme des fixfertigen Atomkraftwerkes. »Walli« saß an diesem Sonntagnachmittag mit seinen engsten Vertrauten im Landhaus und war wie erschlagen. Er hatte sich in der Kampagne äußerst zurückgehalten, um nicht gegen die Linie der Bundespartei zu verstoßen. Und jetzt das! Er war entsetzt: Wenn das so weitergehe, werde Kreiskys Staat bald unregierbar. Man dürfe sich von den Grünen nicht das ganze Aufbauwerk zerstören lassen. Im Grunde war der Mann aus Tirol sozialdemokratischer als viele in der SPÖ.

Das war wohl mit ein Grund dafür, dass er die Tiroler Sozialisten bei allen Wahlen um Längen deklassierte.
Kreisky überlebte das Desaster. Die ÖVP auch. Wallnöfer erst recht. Längst war er zu einer Heldenfigur geworden, ähnlich kernig und bärbeißig wie Andreas Hofer. Über den Sandwirt aus Passeier ließ er nichts kommen, da wusste er sich eins mit seinen Tirolern. 1983 hatte er seinen Landsmann Salcher, der inzwischen in der Wiener Himmelpfortgasse als Finanzminister amtierte, überredet, eine Gedenkmünze für 1984 vorzubereiten: 175 Jahre seit der alles entscheidenden Schlacht Andreas Hofers am Bergisel. Kein wirklich rundes Jubiläum, aber immerhin, man wollte Wallnöfer nichts abschlagen. Die nach Innsbruck übermittelten Entwürfe fanden allesamt nicht Gnade vor den Augen des »Alpenkönigs« in Innsbruck. Also musste sich der Landesherr wieder einmal selbst nach Wien begeben, um die Sache zu richten. Und wie! Dem zuständigen Wiener Sektionschef schrieb er ins Stammbuch, dass sich der das sein Leben lang merken sollte: »Man kann dem Andreas Hofer vorwerfen, was ma will, nur oans nit: dass er glatzat war!« Ja, Würde und Anstand – das musste schon sein. Wenn der Mann bei kirchlichen Prozessionen wie ein Monarch über die Maria-Theresien-Straße schritt, dann gab's keine Spassettln. Wallnöfer fand das ganz natürlich, dass sich vor ihm die Schützenfahnen neigten. Schließlich war er nicht nur Landesherr, sondern auch Landesoberstschützenmeister. Einen weißen und einen dunkelbraunen lodenen Waffenrock hatte er zur Auswahl im Kasten.
Arbeitsplätze schaffen, den relativen Wohlstand im Land sichern, wenn möglich verbessern: In diesem Credo glich er seinem sozialdemokratischen Widerpart Kreisky. Keinesfalls dürfe man eine Abwanderung der Bevölkerung aus dem ländlichen Raum dulden und ein unbegrenztes Wachstum der Städte fördern, meinte er oft. »Ein Innsbruck mit 500 000 Einwohnern wäre schrecklich.«
Aber solange die Hauptstadt übersichtlich blieb, förderte er sie nach Kräften. Die Universität war sein ganzer Stolz, ihm,

dem Nichtakademiker, der als Bübl eine Stunde zu Fuß in die Schule gehen musste und nur die Grundschule absolvieren konnte. Was er war, hat er sich später angeeignet. Und zwar zum Erstaunen seiner Umgebung. Er »konnte« mit Diplomaten ebenso wie mit Professoren. Und wenn er ein lateinisches Zitat hervorkramte, war es erstens richtig, zweitens überhaupt nicht peinlich, sondern eher elegant, weil man es bei dem erdverwurzelten Mann nicht erwartete.

Im September 1979 befand der lebenslange Berufspolitiker, dass es jetzt eigentlich genug sein sollte. Er wurde 66 – jetzt sollte die Jagdleidenschaft endlich zu ihrem Recht kommen. Ausgerechnet der »Presse« aus dem fernen Wien vertraute er sich daher mitten im Landtagswahlkampf an und die rapportierte ihren Lesern auf Seite eins (in hochdeutscher Transkription): »Ich kann ja die Wähler nicht belügen. So sage ich, dass ich jetzt den Landeshauptmann machen werde, aber in ungefähr einem Jahr meinen Nachfolger präsentieren werde. Ich ziehe mich aus allen politischen Funktionen zurück, die Landtagswahl ist die letzte, für die ich kandidiere.« Und dann – es war ohnedies schon die Katze aus dem Sack – setzte Wallnöfer für die Gäste aus Wien hinzu: »Ich wollt ja nie in die Politik. Eher in die bäuerliche Organisation. Irgendwie fürcht ich mich sogar noch heute vor der Politik.«

Das war keine Übertaktik. Es war der feste Wunsch, den Hof rechtzeitig zu übergeben, doch die Partei spielte nicht mit. Drei Wochen nach diesem bemerkenswerten Interview fuhr der »Walli« für seine ÖVP das Sensationsergebnis von 63,1 Prozent ein, nachdem er in der Nacht einen kapitalen Zehnender erlegt hatte – statt sich auszuschlafen.

Wallnöfer blieb. Noch lange. 1982 stellte er sich der Partei zur Wiederwahl als Landesparteichef und erhielt 99,23 Prozent der gültigen Stimmen, im Dezember legte die Haller Münze erstmals einen Silbertaler mit Wallnöfers Portrait auf. Als Vorbote schon für das 70. Wiegenfest. Die Aufschrift in schöner Fraktur: »Für Gott und Heimat, Freiheit und Menschenwürde.« Zum Siebziger im Dezember 1983 ließ er wei-

ter offen, ob er 1984 doch noch ein weiteres Mal kandidieren wolle. »Eigentlich« habe er nicht die Absicht, sich das noch einmal anzutun.
Er tat sich's an. Er gewann. Und überlegte 1985 ernsthaft, jetzt endlich aufzuhören. Doch jetzt benötigte ihn wieder die Bundespartei. Ein letztes Mal, ein allerletztes Mal, 1986. Für die Nationalratswahlen gab er das Tiroler Zugpferd ab. Eher schon recht grantig, nachher noch mehr, da es Alois Mock nicht zum Sieg in Wien gereichte. Die Stimmung war ohnedies schon am Nullpunkt, weil zuvor die Sozialisten an einer Nebenfront Zeter und Mordio geschrien hatten. Es ging um die zwei SPÖ-Wahlbeisitzer in der Gemeinde Mieming, also »Wallis« Heimatort. Kein Mitbewohner des Patriarchen war bereit, offen seine Sympathie für den politischen Gegner zu zeigen und sich als Wahlbeisitzer nominieren zu lassen. Was tun? Die zwei Sitze mussten besetzt werden. Also nahm die Bezirkswahlbehörde die Sache in die Hand und machte von ihrem Recht Gebrauch, die Sitze mit zwei unabhängigen Personen ihrer Wahl zu besetzen. Der Vorsitzende der Wahlbehörde ließ abstimmen, die ÖVP sagte Ja – und bestellt waren die Herren Eduard Wallnöfer und Herwig van Staa. Zufällig Sohn und Schwiegersohn des Landeschefs.
Die SPÖ-Bezirksorganisation Imst reagierte gelassen auf den Streich, der ihr da gespielt wurde: Die traktierte die beiden »sozialistischen« Wahlbeisitzer tagelang mit SPÖ-Prospektmaterial. Im August 1988 stirbt Luise Wallnöfer nach langem Leiden. Im 75. Lebensjahr. Kurz davor hat ihr Mann – auch schon ständig kränkelnd – den Abschied von der Politik eingeleitet. Zunächst einmal als Landeshauptmann. Schön eines nach dem anderen. Zum 75er im Dezember gibt er auch Partei und Bauernbund aus der Hand. Am 8. März 1989 muss Wallnöfer in die Innsbrucker Klinik. Beidseitige Lungenentzündung. »Bedenklicher Zustand«, berichten die Zeitungen tags darauf, »aber keine unmittelbare Lebensgefahr.« In Barwies selbst aber bereiten sie sich aufs Schlimmste vor. Eine schwere Zeit für die Kinder. Am 15. März tickert die schon

länger insgeheim befürchtete Todesnachricht über die Fernschreiber der Zeitungsredaktionen. Die Nachrufe sind längst geschrieben.
Sie sind eines Königs würdig. Und selten zuvor und danach haben wir sie so reinen Herzens verfasst.

Das Cleverle aus dem Ländle

Herbert Kessler

Keiner vor oder nach ihm hat je so schlicht und unprätentiös regiert wie er. Während seine Kollegen den Brokat-, Stuck- und Marmorprunk landesfürstlicher Residenzen durchaus zu schätzen wussten, liebte Herbert Keßler Understatement, das Besucher zum Kopfschütteln veranlassen konnte. Eine weiße Holztür im 6. Stock des Amtes der Landesregierung, daneben das kleine genormte Namensschild, ein winziges Vorzimmer, dahinter das Büro: In nichts sollte sich der Landeshauptmann von seinen übrigen Beamten unterscheiden. Oberster Verwalter eines Landes, Behördenleiter wie aus dem Bilderbuch – so wollte er es. So wollte er sich sehen. Fast 23 Jahre lang.

Von fürstlichen Gnaden keine Spur. Dass das die »Untertanen« denn doch ab und zu ganz gern gesehen hätte, dafür fehlte Keßler jegliches Verständnis. In anderen Bundesländern wurden Anekdoten über den Landesherrn mit Behagen gesammelt und weitererzählt. Das wäre bei Keßler nicht möglich gewesen. Es gab keine.

Und dennoch: Dem Land hat das nicht geschadet. Der dominierenden ÖVP auch nicht. Und der Persönlichkeit Keßlers schon gar nicht. In alemannischer Bescheidenheit und Sparsamkeit hat er sein Land zusammengehalten. Und bei fast jedem Parteitag bekam er als Landesparteichef eine Zustimmung, die sich weit jenseits der 90-Prozent-Marke abspielte.

2. Februar 1925: Weil der Vater, ein Arzt und späterer Medizinalrat, zu dieser Zeit in der Landesheilstätte Gaisbühel tätig ist, kommt Herbert Keßler in Bludesch zur Welt. Er wächst aber in Rankweil auf, unter der fürsorglichen Anleitung der Mutter, einer gelernten Apothekerin, wo der Vater als Gemeindearzt wirkt. Eine angesehene Bürgerfamilie, der dieser Sohn zeit seines Lebens keine Schande bereitet hat. Die Eltern haben für ihn eine solide Ausbildung vorgesehen, also kommt Herbert Keßler ins legendäre Jesuitenkolleg Stella Matutina in Feldkirch. Das Internat wird aber – wie fast alle kirchlichen Schulen – vom NS-Regime aufgelöst, und so legt er die Matura an der Oberschule in Feldkirch ab. Schon wartet der

Reichsarbeitsdienst auf den jungen Mann. Und im September 1943 muss er zur Wehrmacht einrücken. Er landet bei den Gebirgsjägern, mit denen er in Oberitalien vom Herbst 1944 bis Dezember kämpft, bis ihn eine Rippenfellentzündung kampfunfähig macht. Ein Lazarettaufenthalt bewahrt ihn vor der Heeresunteroffiziersschule und schließlich vor der Kriegsgefangenschaft.

Das Ärgste ist überstanden. Jetzt kann sich der strebsame Arztsohn endlich dem Jusstudium in Innsbruck hingeben. Er tut's mit Leidenschaft und dem nötigen Ernst, engagiert sich nebenbei in der gerade im Aufbau begriffenen Österreichischen Liga für die Vereinten Nationen. »1947 habe ich den Redewettbewerb gewonnen.« Darauf ist er heute noch stolz. Und 1949 promoviert er zum Doktor beider Rechte. Er heiratet Inge Beck, die Tochter einer ursprünglich in Rankweil lebenden Kaufmannsfamilie.

So weit, so unspektakulär. Der Jurist weiß schon genau, wohin ihn sein Berufsweg führen soll: Nicht ins Außenministerium, wo ihn ein gut meinender Sektionschef angesichts des Redewettbewerbs gerne gehabt hätte. Den Ausschlag hat eine Vorsprache bei dem in Vorarlberg lebenden Außenminister des Kabinetts Schuschnigg, Guido Schmidt, gegeben. »Ich würde diese Laufbahn nie wieder einschlagen«, riet damals der einstige Diplomat. Also tritt Herbert Keßler 1950 in den Vorarlberger Landesdienst ein, dient sich langsam in der Finanz-, dann in der Sozialabteilung des Amtes der Landesregierung empor. Zeitweilig benötigt ihn die Bezirkshauptmannschaft Feldkirch, denn gut ausgebildete Juristen ohne den Makel einer NS-Mitgliedschaft sind in diesen Jahren Mangelware. »Nur ein Jahr wollte ich bleiben und dann eigentlich Anwalt werden«, schmunzelt der alte Herr im lockeren Gespräch. Es sollte ganz anders kommen.

Parallel dazu verläuft die Bilderbuchkarriere in der Volkspartei – wo sonst, ist man da versucht zu fragen. Der Landesamtsdirektor erkennt die Begabung des jungen Mannes und kann ihn dazu bewegen, sich auf ein stürmischeres Terrain zu begeben: Warum er sich nicht um ein Landtagsmandat bewerbe? Keßler tut, wie ihm geraten, wird – auf einem unsicheren Listenplatz – nominiert und als Abgeordneter gewählt. Damit bricht er 1954 ein jahrzehntelanges Tabu: Ein Landesbeamter hat weisungsgemäß zu handeln, nicht selbst die Gesetze zu machen! Zunächst wird er daher von den Abgeordnetenkollegen scheel angesehen, aber er schlägt sich nicht so schlecht.

In diesen jungen Jahren ist er ein ernster, aber temperamentvoller Redner. 1955 treten die Gemeindevertreter von Rankweil an den 30-jährigen Beamten heran, ob er nicht im Gemeinderat mithelfen könnte. Keßler kann's, wirkt im Bau- und Kulturausschuss mit, sodass der Landtagsabgeordnete 1957 auch noch Bürgermeister von Rankweil wird. Denn der Bürgermeister ist überraschend gestorben und die Not ist groß. In dieser Situation findet es Keßler trotz Mehrfachbelastung einfach selbstverständlich, den Mitbürgern dienlich zu sein.

Es ist eine Zeit, in der Rankweil gerade seine Nähte sprengt. Die Tradition des römischen Vinomna wird durch die rasante Industrialisierung überdeckt, nirgendwo sonst ist das Wirtschaftswachstum so groß, die Wohnungsnot so drückend. Keßler entwirft ein Wohnbauprogramm, lässt öffentliche Gebäude im Rekordtempo erstellen. Schon damals überlässt der Tüftler ungern etwas dem Zufall. Seine akribische Liebe zu Flächenwidmungs- und Raumordnungsprogrammen rührt aus dieser Zeit. Die wenigen Jahre als Ortsvorsteher sollten das Rüstzeug vervollkommnen, das für einen Landeshauptmann notwendig ist. Zumindest nicht hinderlich: Keßler kennt die Landesverwaltung, kennt die Gesetzgebung im Landtag und weiß um die Probleme einer Gemeindeverwaltung Bescheid. Und das alles aus eigener Berufserfahrung.

Keine Frage daher, wer dem populären und fast schon legendären Landeshauptmann Ulrich Ilg nachfolgen soll, als dieser 1964 nach 19 Jahren an der Landesspitze zurücktreten will. Erst im letzten Moment nimmt Ilg seinen Favoriten zur Seite

und eröffnet ihm seinen Plan. Der junge Mann sagt nicht nein. Ausschlaggebend dafür ist, dass Ilg verspricht, als Finanzreferent noch einige Jahre in der Landesregierung zu verbleiben. Ein äußerst rarer Fall. Im Oktober also nimmt der Herr Bürgermeister von Rankweil und VP-Abgeordnete Keßler die Last auf sich. Es ist eine – völlig unalemannisch – höchst erregte Zeit. An dem Tag, da er in der Wiener Hofburg vom Bundespräsidenten Adolf Schärf angelobt wird, rebellieren die Vorarlberger gegen die Wiener Zentralisten. Der unglückliche SPÖ-Verkehrsminister Otto Probst hat sich in den Kopf gesetzt, ein neues Bodenseeschiff auf den Namen »Karl Renner« taufen zu lassen. Die Vorarlberger haben einiges einzuwenden gegen den zweimaligen Republikgründer, sie stoßen sich an seinen politischen Windungen und Wirrungen, die der Sozialdemokrat in seinem bewegten Leben vornahm. Nein, sie wollen ganz einfach ihr Schiff »Vorarlberg« nennen. Jeder andere Minister hätte in dieser Situation verhandelt bzw. einfach nachgegeben, ohne das Gesicht zu verlieren. Nicht so Otto Probst, dem ein unerforschlicher Ratschluss der Partei für einige Jahre so etwas wie Macht verliehen hat. Probst beharrt auf seinem »Karl Renner«. Wer zahlt, schafft an, das ist seine Denkweise. Und überhaupt: Alles dürfe man dem »Ländle« nicht einfach durchgehen lassen.
Das Unglück will es, dass die marktbeherrschenden »Vorarlberger Nachrichten« das Thema nicht nur aufgreifen, sondern eine Medienkampagne allerersten Sorte entfachen. Gegen die »Großkopferten« in Wien, für »Vorarlberg«, so lautet die Marschrichtung. Zwei Großkundgebungen in Fußach sollten in Wien eigentlich alle Alarmglocken zum Läuten bringen. Tun sie aber nicht. Als Otto Probst mit großem Gefolge zum Taufakt anreist, erwarten ihn schon die Fußacher – mit Wurfgeschossen. Bekleckert mit überreifen Tomaten muss der Wiener Bonze unter Schimpf und Schande flüchten und triumphierend überpinseln die Rebellen den Schiffsnamen. Keßler kann mit Fug und Recht darauf verweisen, dass er mit diesem unkontrollierten Ausbruch alemannischer Ge-

walttätigkeit nichts zu tun hatte. Oder zumindest, dass er nicht dabei war. Schließlich hielt er sich ja in Wien auf. Ganz zufällig.

»Natürlich war das eine Gratwanderung für mich«, erzählt er. »Schließlich habe ich ja wieder in Wien mit Minister Probst verhandeln müssen.« Der erste Besuch nach dem Eklat fiel aber viel harmloser aus, als Keßler zunächst befürchtet hatte: Der SPÖ-Bundespräsidentschaftskandidat Franz Jonas (Schärf war inzwischen gestorben) hatte seine Partei gebeten, den aussichtslosen Kampf gegen die Vorarlberger einzustellen. Jonas benötigte schließlich jede Stimme für den (knappen) Sieg.

Keßler regiert weniger, als er verwaltet. Und das tut er hervorragend. Noch hat er die mächtigen Herren der »Vorarlberger Nachrichten«, den Zeitungsbesitzer Ruß und dessen Chefredakteur Ortner, hinter sich. Später sollte das anders werden. Die verschwindend geringe Zahl an Sozialisten, aber auch die im »Ländle« traditionellerweise relativ starken Freiheitlichen haben wenig auszusetzen, zumal sie in der Landesregierung ja proportional vertreten sind. Wenn er genug verwaltet zu haben glaubt, zieht er sich gern zurück. Sein neues Haus in Rankweil lässt recht viel auf den Besitzer rückschließen. Es ist ein prächtiges, festes Haus, keine pompöse Villa, für die Ehefrau und die drei Kinder angelegt, mit einem charakteristisch weit herabgezogenen Dach, nach vorne abgeschlossen wie eine schwer zu knackende Festung. Hier hört der 14-Jährige Klassik, vorzugsweise Elegisches von Tschaikowski, Dvořák, Schubert. Bisweilen wird er dabei, wenn er ganz allein ist, dazu dirigieren. Denn sein eigentlicher Traumberuf wäre Dirigent gewesen. Ein Wunschtraum, eine Sehnsucht nach etwas, das man im wirklichen Leben nicht ist: Souverän, locker, impulsiv, leidenschaftlich, geliebt, umschwärmt, bejubelt. Der Kultur gilt auch als erster Mann im Land seine besondere Liebe und Zuneigung. Während der gesamten Amtszeit wird er – quasi »nebenbei« – Kulturlandesrat sein. »Das war für mich das Faszinierendste«, stellt er im Nachhinein fest.

Herbert Keßler und Leopold Figl nach der Angelobung als Landeshauptleute von Vorarlberg bzw. Niederösterreich

Was würde er als seine »Sternstunde« bezeichnen? Die Antwort kommt prompt – und völlig überraschend: »Die Errichtung der katholischen Diözese Feldkirch.« Und er schildert dem Besucher auch, warum das für ihn »das größte und schönste Erlebnis« war: Die Verhandlungen mit dem Heiligen Stuhl zogen sich nämlich über die Jahrzehnte, Keßler »erbte« das Problem bei Amtsantritt. Die Tiroler »sperrten« sich. Sie waren gar nicht so sehr gegen eine neue Diözese und einen »Verlust« ihres Einflussbereichs. Aber sie argumentierten so:

Wenn schon Diözesangrenzen mit den Bundesländergrenzen übereinstimmen sollten, dann müsse auch Salzburg jene Teile abgeben, die nach Tirol hereinreichten. Briefe flogen hin und her, Kardinal Franz König betätigte sich als Mittler zwischen den heiklen Fronten, schließlich war der Kraftakt geschafft und der päpstliche Nuntius Opilio Rossi, Außenminister Kurt Waldheim und Unterrichtsminister Theodor Piffl-Perčević unterzeichneten den Vertrag, den schließlich auch noch der Nationalrat genehmigen musste. Am 15. Dezember 1968 erfolgte die feierliche Errichtung der Diözese. Mit DDr. Bruno Wechner als erstem Bischof.
Keßler weiß um sein PR-Defizit. Aber er bekämpft es in keiner Weise. Wozu auch? Georg Nowotny hat ihn in der »Kronen-Zeitung« einmal den »Ländle-Schleinzer« genannt. Eine treffende Charakterisierung, soweit eben Vergleiche überhaupt treffen. Denn auch der Mann aus Kärnten, der es einmal bis an die ÖVP-Bundesspitze bringen sollte, war von der ernsten, introvertierten Art, deren Humor sich nur wirklichen Freunden erschloss. Natürlich muss sich Keßler bei ländlichen Festen unter die Mitbürger mischen. Aber auch dies handelt er als Pflichtübung ab, erledigt diesen Tagesordnungspunkt wie sein Aktenstudium: Korrekt, anständig, nie unfreundlich, uncharismatisch bis in die Knochen. Dabei verlangt die Zeit und mit ihr das Fernsehen Politikertypen wie Kreisky, Wallnöfer, Krainer oder Andreas Maurer. Verlangt sie das wirklich?
Er ist eben kein spontaner Typ. Aber er ist ein sehr guter Lehrmeister. Das kann Jürgen Weiss bezeugen, der als Landesparteisekretär bei Keßler das Handwerk erlernt hat. Fast die ganze Amtszeit arbeitet Weiss an seiner Seite. »Ich habe ihn äußerst geschätzt«, meint Keßler. Erstens sei Weiss ein exzellenter Arbeiter gewesen, zweitens habe er sich als Landeshauptmann wenig um die Partei kümmern müssen. Dennoch verlaufen die Wahlen 1969 nicht nach Wunsch. 50 Prozent: Das würden Parteiobmänner anderer Bundesländer als grandiosen Vertrauensbeweis werten, nicht so die erfolgsverwöhn-

te Vorarlberger ÖVP. Das ist ihr absolut schlechtestes Wahlergebnis seit 1945.
Also kommt es 1973 zum lange befürchteten, minutiös geplanten – und gerade deshalb total missglückten – Aufstand der Parteijugend gegen Herbert Keßler. Der 24-jährige Jung-ÖVPler Alfons Simma glaubt für den Parteitag in Bludenz alles vorausbedacht zu haben, also präsentiert er den Bürgermeister von Hohenems, Otto Ammann, als Gegenkandidaten zum amtierenden Landesparteichef. Eine Redeschlacht kündigt sich an, die wohl den ganzen Tag beanspruchen wird. Aus dem fernen Wien sind die innenpolitischen Redakteure angereist, ein wahrlich seltener Fall in der Vorarlberger Polit-Geschichte. Keßler ist nicht bereit, so leicht aufzugeben. Vor allem deswegen nicht, weil er eine höchst anständige Leistungsbilanz vorweisen kann und nicht gewillt ist, wegen angeblich optischer Schwachstellen einen neuen Regierungsstil einzuführen. Nein, so tief will er sich nicht demütigen lassen. Dazu kommt, dass er ein ausgezeichneter Rhetoriker ist, diese Stärke aber nur selten ausspielt. Doch das alles hätte ihm wahrscheinlich wenig geholfen, griffe er nicht zu einem simplen Trick aus der untersten Schublade. Jedem würde man das zutrauen – außer Keßler: Er verkündet als Vorsitzender des Parteitages, dass es angesichts der übervollen Rednerliste diesmal keine Mittagspause geben werde. Die erstaunten Delegierten bedenken kurz, was dies für ihre verwöhnten Mägen bedeuten könnte, und reagieren von da an ablehnend auf jeden, der die Diskussion über Herbert Keßlers Vorzüge und Nachteile in die Länge ziehen könnte. Wer Anträge einbringt, wird ausgebuht, wer sich »zur Sache« zu Wort meldet, dem schlägt die Ablehnung des Auditoriums entgegen. Die Junge ÖVP will die Chose noch retten und zieht den Wirtschaftsbündler Wolfgang Blenk als Kompromisskandidaten aus dem Hut. Doch das nützt alles nichts mehr. Bei der Abstimmung bekommt Keßler 86 Prozent der Delegiertenstimmen.
Noch nie dürfte ein fehlendes Mittagessen die Karriere eines österreichischen Politikers so beeinflusst haben.

Der aus Wien zum Spektakel angereisten »Presse« gibt er sich als bescheidener Sieger, ohne einen leichten Hauch von Triumph ganz verbergen zu können: Er nehme dieses Votum als »Auftrag«, aber auch als »persönliche Genugtuung«. Das ist auch schon das Äußerste, was er sich an diesem Tag an Emotion gestattet. Bei den Landtagswahlen 1974 ist Herbert Keßler dann ein strahlender Sieger. Er legt um fast sieben Prozentpunkte zu. Die Aufmucker sollten sich nie wieder zu Wort melden. Sie sind buchstäblich abgemeldet.

Ein langjährige Weggefährte, Mitstreiter – aber auch Konkurrent: Das ist Bertram Jäger. Der ist aus ganz anderem Holz geschnitzt. Der sportliche Arbeitnehmer-Häuptling hat etwas geschafft, was nachher nur noch in Tirol möglich war. Die vormals fest in sozialistischer Hand befindliche Arbeiterkammer wechselte die politische Farbe. Damit ist Bertram Jäger auch für die Wiener Medien über Nacht zu einer interessanten Figur geworden. Manche wollen in ihm schon den Nachfolger sehen. Und vielleicht glaubt das Jäger selbst auch. Er hält sich oft – und gern – in der Bundeshauptstadt auf, verfügt hier über ein intaktes Netzwerk und wird eine Zeit lang auch als ÖAAB-Bundesobmann gehandelt.

Zweifellos spielte bei diesem phänomenalen AK-Wahlergebnis vieles mit. Da war einerseits die vorbildliche soziale Integration der ausländischen Arbeitnehmer, da war die solide Arbeit Keßlers, da war aber auch die nicht sehr überzeugende »Performance« der Landes-SPÖ. Ihr Vorsitzender Ernst Winder fand kein Rezept gegen den unangreifbaren Landeshauptmann. Allzu forsche Opposition lieben die Menschen in diesem Land nicht (das sollte Jahrzehnte später der freiheitliche Klubobmann Ewald Stadler am eigenen Leib verspüren), eine Verbrüderung mit dem spröden Landesvater scheiterte aber ebenso. Dazu war Keßler nicht der Typ. Bertram Jäger, jahrelang Liebling des Arbeitnehmerflügels und der Parteibasis, war während der langen Keßlerschen Amtszeit kein einziges Mal im Privathaus des Landeshauptmannes eingeladen.

Ähnlich dem schwäbischen »Cleverle« Lothar Späth mehrt

indes Herbert Keßler den Wohlstand im Land. Mögen sich die in Wien mit ihren merkwürdigen Problemen herumbalgen – in Vorarlberg (das ja nur von Wien aus gesehen »hinter« dem Arlberg liegt) hat man in diesen goldenen Jahren bessere Schulen, bessere Spitäler, mehr Industriegebiete und weniger Bauern, schönere Wohnungen und höhere Löhne, mehr Lebensqualität – und die meisten Gastarbeiter. Das hohe Lohnniveau, das sich der Schweiz angleicht, macht es leichter möglich, dass sich die Gastarbeiter rund um Bludenz äußerst wohl fühlen, dass es fast nie zu Abwehrreaktionen der heimischen Bevölkerung kommt.

Keßler gebietet über ein Musterland. Und er versteht es, dieses Lebensniveau gegen alle anderen Bundesländer zu verteidigen, die noch nicht so weit sind. Als die Sozialisten rund um deren Klubobmann Ernst Winder ungebärdig werden, weil sie glauben, in Bruno Kreisky eine Schutzmantelmadonna im fernen Wien zu haben, da reagiert Keßler ungewohnt emotionell. »Persönliche Angriffe sind bei uns nicht üblich und ich gebe auch zu, dass ich darauf scharf reagiere. Man tut in der SPÖ manchmal so, als ob auf der Regierungsbank nur Lausbuben säßen.« Nun, auf dieser Regierungsbank sitzen die SPÖ-Vertreter ganz urplötzlich nicht mehr: Der Landeshauptmann lässt sie 1974 aus der Proporzregierung werfen. Per Landtagsmehrheit. Ein unerhörter Vorgang, der jedoch von der SPÖ-Alleinregierung in Wien recht emotionslos hingenommen wird. Für Kreisky ist die Vorarlberger Parteiorganisation wahrlich eine Quantité négligeable. Der überzeugte Föderalist Keßler, seine untadelige Kooperation mit der Bundesregierung – die sind Kreisky, diesem Pragmatiker und Spieler mit der Macht, bei weitem wichtiger. Ernst Winder muss das bald erkennen. Und verschwindet im politischen Nirwana.

Nein, Keßler liebt die Sozialisten nicht. Vor allem deswegen, weil sie in dem sittenstrengen Land immer wieder Aktionen unterstützen, die nicht nach dem Geschmack des Landeshauptmannes und dem Kunstverständnis seiner Volkspartei sind. Gegen eine liberalere Vorgangsweise bei jugendverbotenen Filmen sträubt sich Keßler lange Jahre erfolgreich, weil er zu wissen glaubt, dass sein Begriff von Liberalität ganz etwas anderes als »Laissez faire« ist. Der Erfolg dieser rigiden Politik ist freilich wenig überzeugend: Scharenweise pilgern die Jugendlichen ins nahe deutsche Lindau jenseits der Grenze, um die so süßen verbotenen Früchte zu naschen.

1976 sorgt ein neues Sittenpolizeigesetz für Wirbel im Landtag. Es geht nicht nur um »Anstandsverletzung und Ehrenkränkung und um das öffentliche Baden«, nein, es geht auch um die Erlaubnis zum Betreiben von Bordellen – als geringeres Übel, um die florierende Geheimprostitution irgendwie in den Griff zu bekommen. »Ausgerechnet der Herr Landeshauptmann«, höhnt der SPÖ-Abgeordnete Arnulf Häfele. Und er zitiert – ganz fromm – einen warnenden Brief des Diözesanbischofs. »Mich würde interessieren«, setzt der Oppositionelle listig hinzu, »wann für Sie, Herr Landeshauptmann, in der Frage der Prostitution die Damaskusstunde geschlagen hat.« Mehr hat er nicht gebraucht. In einer flammenden Erwiderung donnert Keßler ins verdutzte Auditorium: »Nehmen Sie zur Kenntnis: Der Landeshauptmann ist nicht der Bischof. Und der Bischof ist nicht der Landeshauptmann!« Die Bordellprostitution ermögliche wenigstens »eine intensive sitten- und gesundheitspolizeiliche Kontrolle – und sie wirkt vor allem dem Zuhälterwesen entgegen«. Alles müsse darangesetzt werden, der moralischen Umweltverschmutzung Einhalt zu gebieten. Das ist wieder Keßler, wie ihn das Land kennt.

Auch die Freiheitlichen liebt Keßler nicht wirklich. Aber mit ihnen verbindet ihn eine sachliche, konstruktive, friktionsfreie Zusammenarbeit. So etwas schätzt der Landeschef. Sie sind im Landtag eine Minderheit, aber sie gehen einen sehr geraden, auf das Land konzentrierten Weg. Sie vereinen in ihren Reihen zahlreiche mittelständische Gewerbetreibende, sind somit gesellschaftlich angesehen und ergänzen die Volkspartei recht gut. »Das liberale Element war ja schon in Zeiten der Monarchie bei uns stark ausgeprägt«, kommentiert der

Altlandeshauptmann bei unserem jüngsten Gespräch im September 2001. So sind sie auch mit von der Partie, als es um den Bau des Bregenzer Festspielhauses geht (das 1980 endlich eröffnet werden kann), um die Renovierung der Seebühne, um den Höhenflug der Hohenemser »Schubertiade«. Sie partizipieren, obwohl die ernste Muse natürlich Chefsache bleibt. Hier zeigt Keßler echte Anteilnahme, hier bewegt er sich auf einem Terrain, das ihm auch sichtlich Spaß bereitet. Der Ausbau der Festspiele, die Sicherung ihres hohen Niveaus – zweifellos ein Verdienst Keßlers. Heute ist der Rang der Festspiele gleich hinter jenen von Salzburg unbestritten. Doch ein Lieblingsprojekt bleibt dem Landeskulturreferenten Herbert Keßler verwehrt: Klaus Maria Brandauer sollte als Verantwortlicher für die Schauspielsparte gewonnen werden und hier die Klassiker inszenieren. Die Medien sind dagegen. Erstmals hat Keßler die »Vorarlberger Nachrichten« nicht mehr als Trägerrakete auf seiner Seite.

Auch 1984 ergibt sich bei den Landtagswahlen keine Trendwende zu Gunsten der ÖVP. Im Gegenteil: Die grün-alternative Wahlgemeinschaft erringt 13 Prozent der Stimmen und zieht – unter Führung des alternativen Biobauern Kaspanaze Simma – mit vier Mandataren in den Landtag ein. Sind die Landesbürger des immer gleichen Gesichts an der Spitze überdrüssig? Keßler versteht die Welt nicht mehr: Der Schock ist deswegen so groß, weil der grüne Sieg in den Augen der VP-Funktionäre völlig unverdient kommt. Gerade auf dem Gebiet des Umweltschutzes hat Vorarlberg beachtliche Aktivitäten zu verzeichnen. Seit Jahren gilt hier das strengste Luftreinhaltegesetz aller Bundesländer. Die Gewässerreinhaltung ist weit fortgeschritten; über 75 Prozent der Gemeinden sind (Mitte der 80er-Jahre!) bereits kanalisiert. Jede Gemeinde hat ihren Flächenwidmungsplan.

Und auch die demokratiepolitischen Reformen müsse sich hinter keinem anderen Land verstecken. Aber sie werden von dem »Mann ohne Eigenschaften« nicht zum eigenen höheren Ruhm verkauft. Als erstes – und lange Zeit einziges – Bundesland hat Vorarlberg einen Landesvolksanwalt; 1969 ist ein Volksabstimmungsgesetz verabschiedet worden, 1984 hat man die Landesverfassung einschneidend novelliert. Doch all das scheinen die Bürger nicht in dem Maße zu honorieren, wie man es erwarten sollte. Kann sein, dass man sie einfach zu sehr verwöhnt hat und ihnen stets das Vorbild der noch reicheren Schweiz vorgegaukelt hat. 97 Volks-, Haupt- und Mittelschulen wurden zwischen 1964 und 1987 errichtet. Und dann dies! Ein Wunder ist es nicht. Die »Vorarlberger Nachrichten« hatten sich von ihm abgewendet. Wegen der Landessubvention für eine Konkurrenzzeitung. Auch das kommt dem gelernten Österreicher irgendwie bekannt vor.

Zu Mitte der Legislaturperiode verkündet Keßler seinen Rückzug. Er hat alles wohl erwogen: Auch seine Nachfolge. Bertram Jäger käme in Frage, aber auch Landesstatthalter Siegfried Gasser. Doch Keßler entschließt sich zu einem gewagten Experiment: Der bekannte »Suchard«-Manager Martin Purtscher soll es werden. Vier Monate nach seinem 62. Geburtstag, am 9. Juli 1987, geht der Landeshauptmann nach mehr als 22 Jahren Regierungstätigkeit. »Zum Glück auf Grund eigener Entscheidung, bevor man mich hinausschmeißt«, scherzt er. Zuvor – im Oktober des Vorjahres – hat er schon im ÖVP-Präsidium Platz gemacht. Für den Klubobmann Herbert Sausgruber, der zusammen mit dem neuen Landeshauptmann Purtscher ein neues, ein sehr erfolgreiches Gespann im Land bilden wird.

Strenger Herr in Pannonien

THEODOR KERY

28. Oktober 1982. Ein grauer, nebelverhangener Donnerstag in Wien. Aus den Dutzenden Limousinen, die vor dem Eingang in die Wiener Stadthalle geparkt sind, hinterlässt der leichte Nieselregen seine Spuren. Drinnen vollzieht sich gerade die verbale »Hinrichtung« eines einst hoffnungsfrohen Jung-Revolutionärs: Josef Cap hat von der Rednertribüne des Parteitags drei brisante Fragen nach der Lebensführung des langjährigen Parteipräsidiums-Mitglieds Theodor Kery gestellt. Und weil diese Attacke aus (fast) heiterem Himmel gegen den legendären Landesfürsten des Burgenlands kam, scheint Caps Karriere an ihrem Endpunkt angelangt zu sein. Er wird vom Bundesparteichef Bruno Kreisky gehörig abgekanzelt und fliegt bei der nachfolgenden Wahl aus dem Parteivorstand.

Theodor Kery hat – sieht man von massiven Streichungen bei der Vorstandswahl einmal ab – gesiegt. Glaubt die Öffentlichkeit. In Wahrheit hat an diesem Tag der lange und bittere Abstieg des pannonischen Fürsten begonnen.

Dabei hätte es ein sozialistisches Familienfest werden sollen, das den zunehmend verunsicherten Gefolgsleuten Bruno Kreiskys ein wenig Zuversicht zurückgeben sollte. Lang, sehr lange spricht der alte und schon schwer kranke Kreisky zu einem Parteitag, der zum Großteil nicht mehr seiner Generation angehört. Die Generation der Enkel ist es schon, die heute das Gros der Delegierten stellt. Betriebsräte, Lokalfunktionäre, denen die Worte des »Alten« wie die Anrufung einer längst versunkenen Zeit anmuten muss. Da werden Bilder aus der Arbeitslosigkeit in der Zwischenkriegszeit heraufbeschworen, die sich dem Manne Kreisky tief eingegraben haben, die für ihn ein unauslöschliches Erlebnis sein mussten und die seine gesamte Politik begleitet und geprägt hatten.

In einer solchen Endzeitstimmung (Kreisky sollte 1983 zurücktreten) klammert man sich umso fester an die Weggenossen der eigenen Generation, auch wenn sie einem in ihrer Art, in ihrem Lebensstil gar nicht so sehr zu Gesicht stehen. Theodor Kery ist einer davon. Er hat seine eigene glanzvolle Karriere im östlichsten Winkel Österreichs parallel zu jener Kreiskys gemacht, er sitzt stoisch im Parteitagspräsidium. Dass Kery wieder einer der Bundesobmann-Stellvertreter werden wird, ist ausgemachte Sache. Wer sollte ihm das streitig machen?

Der Obmann der Jungsozialisten, Josef Cap, bekommt das Wort. Er möchte, bevor das Präsidium gewählt wird, an einen Genossen im Saal drei Fragen richten. Eine schlaflose Nacht habe er verbracht. Schlagartig herrscht knisternde Spannung im Saal. Cap spricht über Moral und sozialistische Gesinnung, die vielfach über Bord geworfen werde. Meint er Hannes Androsch, den bisher liebsten Buhmann der Jusos? Androsch sitzt ziemlich weit hinten in der Masse der Delegierten und verkrampft sich sichtlich. Und dann die drei Fragen: »Stimmt es, Genosse Kery, dass du heute mehr verdienst als selbst der Bundeskanzler? ...« – Ungläubiges Gemurmel im Auditorium, eine sehr entspannte Miene bei Hannes Androsch – »Stimmt es, dass du trotz dieses hohen Gehaltes verbilligten Strom für dein Privathaus beziehst? Stimmt es, dass du in deiner Freizeit mit Maschinenpistolen, Gewehren und anderem herumschießt?«

Kery, auf den alle blicken, schweigt auf der Bühne. Für ihn geht Vizekanzler Fred Sinowatz zum Rednerpult: Der heutige Landeshauptmann sei der längst gediente Bezirksobmann der SPÖ, er habe Großartiges für sein Land geleistet, er besitze die Liebe der Menschen. Zögernd setzt Applaus ein. Die eigentliche Abreibung bekommt Cap wenig später von Bruno Kreisky: »Es gibt Dinge, die auch mir schlaflose Nächte bereiten. Mir bereiten aber die Eisen- und Stahlarbeiter mehr schlaflose Stunden als diese Kinkerlitzchen, die dem Genossen Cap den Schlaf rauben. Wenn er so eine unstillbare Neugier besitzt, dann frage ich mich, warum er eigentlich überhaupt im Parteivorstand sitzt ...« Donnernder Applaus. »... dort hätte er längst fragen können!«

Am Schluss des zweitägigen Parteikonvents gehen beide Kontrahenten blessiert von dannen. Cap ist von den Delegierten nicht mehr in den Parteivorstand gewählt worden. Und Kery hat viele Streichungen über sich ergehen lassen müssen. Er wird nie mehr ganz der Alte sein. Wenige Tage darauf erklärt er, auf verbilligten Strom durch die Landesgesellschaft Bewag (die er kontrolliert) verzichten zu wollen. Später liefert er seine Waffensammlung (deren Existenz er zunächst im ersten Schock dezidiert geleugnet hatte) beim sozialistischen Innenminister Blecha ab. Doch all das nützt nichts mehr. Kery hat einen tödlichen Streich bekommen. Seine Ära neigt sich dem Ende zu. Nach einem verheerenden Landtagswahlergebnis 1987 zieht er sich aus der Politik zurück.

Ein bitteres Ende. Zwar nicht unverschuldet, aber dennoch ungerecht. Denn der Mann hat während seiner langen politischen Tätigkeit Großes für die Burgenländer geleistet. Seiner Ungeduld, seiner schroffen Art, die viele politische Gegner als Herrschsucht bezeichnet haben, war es zu danken, dass aus dem einstigen Armenhaus Burgenland ein prosperierendes Bundesland geworden ist. Die Öffentlichkeit sah am Ende nur noch die Schattenseiten. Kery hatte es ihr da auch sehr leicht gemacht. Ähnlich wie um Bruno Kreisky scharten sich politische Schmeißfliegen, die die SPÖ in Verruf brachten. Und ähnlich wie Kreisky blickte Kery von seinem Olymp gar nicht mehr bis in diese Niederungen.

In Mannersdorf an der Rabnitz am 24. Juli 1918, also noch in den letzten Monaten der alten Monarchie, kam er zur Welt. Als Sohn eines »Kommissars«, eines ungarischen Regierungsbeamten. Später, als er seinen Landsleuten schon ein Begriff war, spukte durch Jahre die Mär von einer gräflichen Abkunft herum. Tatsächlich blickt im Esterházy-Schloss Forchtenstein ein Graf Kery in ungarischer Tracht düster aus seinem Goldrahmen. Nicht in der öffentlichen Gemäldegalerie, aber immerhin. Und in Kobersdorf, wo sich der Landespolitiker schließlich mit Familie niederlassen wird, da erhebt sich am nördlichen Ende des Dorfes das großartige malerische Wasserschloss, durch einen breiten, trocken gelegten Graben völlig abgeschlossen. Im 16. Jahrhundert wurde es von den Grafen Kery umgebaut, seit 1704 ist es im Besitze der Esterházys. Östlich im Garten des Wasserschlosses trägt der sechseckige Brunnen das Wappen der Familie Kery: Ein Vogel, vermutlich ein Falke, dessen Hals von einem Pfeil durchbohrt ist. »1654« kann man entziffern. In späteren Jahren sollte der Landeshauptmann diese Spekulationen nur halbherzig zurückweisen. Immerhin wäre es nichts Unehrenhaftes gewesen, wenngleich nicht ganz passend für einen sozialistischen Spitzenfunktionär. Aber es war ohnedies nichts dran.

Theodor Kery maturiert 1943 an der Lehrerbildungsanstalt in Mattersburg. Das Deutsche Reich hat große Pläne mit ihm und zieht ihn zur Wehrmacht ein. Obergefreiter lautet sein Dienstrang, nicht mehr. Denn, so wird Kery später bei einer Zeugenaussage in Wien beteuern, er habe dort als politisch unzuverlässig gegolten. Erst 1947 kehrt der junge Mann aus der Kriegsgefangenschaft zurück und erwirbt 1951 die Lehrbefähigung für Hauptschullehrer. Schon sechs Jahre später wird er zum Bezirksschulinspektor bestellt. Doch die neue Funktion kann er nur sehr begrenzt wahrnehmen. Denn im gleichen Jahr rückt er auf der SPÖ-Liste in den burgenländischen Landtag ein, während einer Legislaturperiode, als Ersatzmann für einen ausscheidenden Genossen. Die berufliche Karriere kommt nicht zu kurz. Kery wird Landesschulinspektor.

1966 – hier beginnt eine Parallele zu dem 2001 verstorbenen VP-Bundeskanzler Josef Klaus – wird Theodor Kery zum Landeshauptmann gewählt. Nach dem alten, verdienten Hans Bögl, einem im Amt verbrauchten Genossen, der seinem Nachfolger aber ein unbezahlbares Erbe hinterlassen hat: Bögl war es gelungen, die Mehrheitsverhältnisse im Land von »schwarz« auf »rot« umzuändern. Das östlichste Bundesland sollte bis in die 80er-Jahre das einzige Land bleiben, wo die dominierende Partei gewechselt hat. Erst Jörg Haider wird ein ähnliches Husarenstück in Kärnten vollbringen. Ein junger Mann kommt also ans Ruder. »Er hat einen neuen Stil geprägt«, erinnert sich Ulrich Stocker, der als Redakteur der »Oberösterreichischen Nachrichten« Kery aus der Nähe beobachtete. »Er hat z. B. erstmals sämtliche Gemeinden seines Landes besucht.« Ein enormer Arbeits- und Zeitaufwand, heute gehört das zum »Geschäft«, damals aber war das noch nicht selbstverständlich. Kery wusste, warum er das tat. Das war ihm die unerhörte Anstrengung wert: Sein Bekanntheitsgrad war unvergleichlich. Und das innerhalb von zwei Jahren.

1968 stellte er sich bei den Landtagswahlen erstmals seinen Landsleuten. Der Slogan »Kery kommt« wurde geflügelt, sein perfektionierter und ökonomischer Wahlkampfeinsatz wurde zum Vorbild in vielen anderen Bundesländern – gleichgültig welcher Partei. Nicht nachahmen können seine Genossen, was ihnen Kery sonst noch voraus hat: Der passionierte Waffensammler (eine Leidenschaft, die erst in der Endzeit für Aufregung sorgt) ist zugleich leidenschaftlicher – und recht passabel spielender – Organist. Keine Landkirche ist vor dem hohen Herrn sicher, wenn er gerade Zeit und Muße findet. Und zur Amtskirche findet der Landeshauptmann ebenfalls den richtigen Draht. Immerhin ist's eine Zeit, da noch nicht jeder Sozialist sein Verhältnis zu den Pfarrern so gut geordnet hat, wie das Kery tat. Es sollte ihm Pluspunkte bringen. Bald ist in den 60er-Jahren die Rede von einem »roten Klaus«, also dem sehnlich erhofften Reformer in der SPÖ. Der Mann müsste nur zugreifen, aber er verweigert sich der Bundespolitik. Er weiß warum. Denn er hat nicht nur Freunde.

Es sollte schließlich Bruno Kreisky werden. Aber bis zum Reformparteitag 1967, das den früheren Außenminister an die Spitze der bis dato von Bruno Pittermann geprägten Partei brachte, gilt Kery durchaus als Alternative. Aus dem einstigen Armenwinkel Österreichs wird im Laufe der vielen Kery-Jahre ein prosperierendes Bundesland. 18 Mittelschulen, 43 Hauptschulen – das ist dem einstigen Lehrer ein besonderer Stolz. Das unterklassige Straßennetz wird großzügig ausgebaut – viel besser als in den benachbarten Ländern. Es kommt zu skurrilen Unterschieden. Wer zu Kerys Zeiten Richtung Süden fährt und da gleich zweimal die Grenze zur Steiermark quert, weiß genau, in welchem Einflussbereich er sich befindet, da braucht's keine Straßentafel. Böse Zungen behaupten, das sei nur auf Kerys neue Leidenschaft zurückzuführen – das Motorradfahren. Aber böse Zungen tut er – in dieser Anfangszeit zumindest – mit Leichtigkeit ab. Er ist populär. Nicht wirklich geliebt, aber respektiert, geachtet, bisweilen auch gefürchtet. Immerhin ist sein Einfluss gewaltig. Der reicht vom kleinsten Straßenarbeiter bis zur Lehrerbestellung und Direktorenposten-Besetzung.

Die Kritiker werden zahlreicher. Sie finden sich in der ÖVP, der Kery gerade so viel Posten und Ehren zugesteht, dass sie nicht rebellisch wird. Sie finden sich aber auch in der eigenen Parteijugend und überall dort, wo Kerys schroffer Führungsstil Verwundungen hinterlassen hat. Die Volkspartei hält der Landeshauptmann am kurzen Zügel, solange dort Franz Soronics Landesparteichef und stellvertretender Landeshauptmann ist. 1978 aber – Kery feiert gerade den 60. Geburtstag – kommt ein Tiefschlag. Soronics wird von dem Sprecher der jungen ungeduldigen VP-Garde, Franz Sauerzopf, abgelöst. Mit der Eintracht in der Landesregierung ist es vorbei, denn der junge Richter aus Eisenstadt verkörpert einen fürs Burgenland völlig neuen, aggressiven Politikertypus. Gottlob kommt dem Landeshauptmann dieser Aufmüpfige bald wieder abhanden. Eine Wohnbauaffäre im »schwarzen« Bereich zieht auch Sauerzopf in den Strudel, er muss seinen Hut nehmen. Als er viel später rehabilitiert aus der Sache herausgeht, sitzt ein anderer Parteichef im ÖVP-Sessel. Es ist der Bauernbündler Franz Grohotolsky. Ein verbindlicher Typ, mit dem sich Kery seit langem bestens verträgt. So ist wieder Friede in die Regierung eingekehrt, es sitzen dort wieder nur Freunde beisammen.

Wem dieses traute Familienidyll am Regierungstisch unter der strengen Fuchtel Kerys nicht passt, der kann ja gehen. Gerald Mader ist so einer. Der Kulturlandesrat entwickelt sich im

Laufe der Jahre immer mehr zu einem kämpferischen Pazifisten, zu einem Friedenstheoretiker, der mit Kerys Waffensammlerei wenig anfangen kann. Er sucht den Ausstieg aus der Tagespolitik und würde gern die Burg Schlaining als Friedensforschungsinstitut renovieren. Kery äußert sich nicht. Mader wartet nicht länger, verabschiedet sich von seinem hoch dotierten Regierungsposten – nicht ohne vorher Breitseiten gegen Kery in den Wiener Zeitungen abzufeuern. Die burgenländische SPÖ rückt enger zusammen, ächtet den Abtrünnigen – und flugs sitzt der 41-jährige Abgeordnete Hans Sipötz im Regierungssessel. Sipötz ist ein ergebener Genosse des regierenden Landesherrn, er hat diese Rangerhöhung verdient. Er wird später, wenn auch nur für kurze Zeit, die allerhöchste Stufe, den Thron des Landeshauptmannes, erklimmen.

Der Blitz aus – vermeintlich – heiterem Himmel durch einen so getreuen Parteigänger, wie es Mader war, sorgt nicht für das reinigende Gewitter. Im Gegenteil. Kery zieht die Zügel ein bisschen fester an. Inzwischen ist auch wieder der unbeliebte Hecht im schwarzen Karpfenteich, Franz Sauerzopf, in die Landesregierung zurückgekehrt. Er will Kerys Vormachtstellung brechen, er will Landeshauptmann werden. Er verbündet sich mit der brustschwachen FPÖ, doch das Abkommen hält nicht, eine Stimme fehlt Sauerzopf zum Triumph. Seitdem ist das Klima zwischen Freiheitlichen und Volksparteilern erheblich getrübt. Da ist freilich Kery schon abgetreten.

In all diesen Jahren hat Kery einen Landesparteisekretär, der längst mehr als nur »Sekretär« ist: Dr. Fred Sinowatz, promovierter Historiker und – vor Mader – Kulturlandesrat, Büchernarr und Musensohn, kann im harten politischen Alltagsgeschäft auch ganz anders. Er boxt die Interessen der SPÖ gegen jedermann durch und findet gar nichts dabei. »Ohne Partei sind wir nichts«, predigt er im Land schon lange, bevor er den Ausspruch als Bundesparteivorsitzender bei einem Parteitag zum geflügelten Wort macht. Sinowatz weiß genau, ohne Partei wäre er Archivar im Landesdienst, niemals aber gefürchtete graue Eminenz der burgenländischen Politik. In diesem eigentümlichen Biotop tummelt sich der schwergewichtige Mann mit einer Eloquenz – und Brutalität –, die ihn zum unverzichtbaren Alter Ego des Landeshauptmannes Theodor Kery machen sollte. Auch als Sinowatz zum Kulturminister im Kabinett Kreisky in Wien aufsteigen sollte, pendelt er täglich nach Neufeld heim. Das ist nicht nur Heimweh und Verbundenheit mit der Ehefrau. Er behält seine Funktion als stellvertretender Landesparteivorsitzender auch als Bundeskanzler der kurzatmigen Koalitionsregierung mit der FPÖ von 1983 bis 1986. Kery weiß, dass hier der Nachfolger wartet.

Die Doppelkonstruktion Kery/Sinowatz hat aber auch ihre Vorteile. Für den Landeshauptmann. Sinowatz hält seine schützende Hand über Kery, er verteidigt ihn beständig, erinnert immer wieder daran, wie viel Kery für das Land und seine Leute geleistet habe. Der Landeshauptmann weiß, was er an seinem Freund hat. »Wenn der Fredl das will, dann müssen wir es machen«, revanchiert er sich im Burgenland für erwiesene Wohltaten des früheren Parteisekretärs, der sich inzwischen in Wien der besonderen Huld Bruno Kreiskys erfreut. Fred Sinowatz findet im Gegenzug auch nichts dabei, als die Gemeinde Kobersdorf zum 60er des Landesherrn eine »Theodor-Kery-Straße« schafft.

Auch im Amt der Landesregierung umgibt sich Kery mit hundertprozentig Ergebenen. Einer davon ist sein Bürochef Ernst Mikacs. Der Mann war Priester in Wulkaprodersdorf, aber mit seinem Job unzufrieden: »Ich glaubte den Leuten etwas geben zu können«, sagte Mikacs einmal, »aber man wollte nur einen Pausentrottel.« Man versteht: für Hochzeiten, für Taufen, für Begräbnisse. Mikacs verschenkt sein karges Vermögen, will Hilfsarbeiter werden. Kery weiß was Besseres. Er macht ihn zu seinem persönlichen Redenschreiber. Und als Ghostwriter ist der Mann ein Genie. Mikacs weiß das: »Wahrscheinlich schreibe ich die besten Reden, am liebsten würde ich für beide Parteien zugleich schreiben.« Mikacs wird Bürochef, wird Hofrat der Landesregierung. Und entscheidet über Interviewtermine seines Herrn und Meisters. Die werden immer rarer.

Denn inzwischen stehen im Land die Zeichen auf Sturm. Sinowatz patzt sich die Finger mit einer Affäre an, die bald die pannonische Tiefebene erzittern lässt. Eine Frau, eine Mittvierzigerin, noch dazu eine äußerst hübsche, fordert den Apparat heraus. Die Gegenspielerin heißt Ottilie Matysek, gelernte Schneiderin, später Berufsschuldirektorin, verheiratete Mutter zweier Söhne, umschwärmt von den Mannsbildern in der Partei. Eindeutig – zweideutige Offerte hoch gestellter SPÖ-Männer lässt sie ungerührt abblitzen, denn noch hält Theodor Kery seine schützende Hand über die schwarzhaarige Dame: 1977 ist sie Landtagsabgeordnete, 1982 gar Klubobfrau. Doch sie will mehr. »Es hätte genügt, zu nicken, zu lächeln, ja zu sagen und das Salär vom Bankkonto zu holen«, sagt sie später.

Während der ebenfalls mit seiner Partei unzufriedene Landes-Jusochef Pius Strobl aus der Partei austritt und sich den Grünen nähert, will Ottilie Matysek die männerbündlerische burgenländische Partei von innen reformieren. Aber sie ist eine Frau. Eine attraktive. Und sie ist umgeben von balzenden Machos, die Macht, Geld und Einfluss besitzen. »Ich habe noch immer die süffisante und sehr irritierende Art des Landesrates Vogel im Ohr, als er mir erklärte, was ich als Frau zu tun hätte um Karriere zu machen«, sagt sie kurz vor ihrem politischen Absturz ins Bodenlose. Gegenfrage des Reporters: »Ihm gegenüber zu tun?« – Matysek: »Also, er wäre als Zwischenstation gedacht gewesen. Eine Frau kann sich gegen solches Reden nicht wehren ... Das, was sich die Männer immer noch als eine Art Federl auf den Hut stecken, ist für die Frau im öffentlichen Leben beinahe ein Todesurteil. Denn würde ich jetzt sagen, die Matysek hat tatsächlich ein Verhältnis gehabt mit dem Kery und sie wird aus dem Grund gekillt, ja dann müsste doch der Kery schon längst gekillt worden sein, wo ihm doch so viele Verhältnisse mit Frauen nachgesagt werden.«

Was auch immer wirklich passiert war, das Gerücht zieht seine Kreise, gelangt via Sinowatz nach Wien. Dort nimmt der Präsident des Olympischen Komitees, der sozialistische Ex-Stadtrat Kurt Heller, Ottilie Matysek auf die Seite: Der ganze Konflikt sei doch nur aus verschmähter Liebe entstanden, das wisse er genau. Matysek: »Auf meine Frage, wer denn wen verschmäht hätte, kam Heller selber momentan ins Schleudern und meinte dann sehr charmant lächelnd: Eigentlich hättest du den Kery verschmähen müssen ...«

Die »Otti« wird von der grauen Eminenz Sinowatz ihrer wesentlichsten politischen Ämter entkleidet. Ein Aufschrei geht durch die Partei, der Vorsitzende der österreichischen Jungsozialisten, Alfred Gusenbauer, kritisiert Sinowatz scharf. Es nützt gar nichts.

Oder doch? Frau Matysek hat nichts mehr zu verlieren. Ein Amt ist ihr vorläufig geblieben: Sie sitzt noch im Landesparteivorstand. Und ganz hinten auf der »Eselsbank« als einfache Landtagsabgeordnete. Bevor sie zum ultimativen Rundumschlag ausholt, gerät sie – ganz zufällig? – in den Strudel der Korruptionsvorfälle bei der VP-dominierten »Bundesländer«-Versicherung. Sie habe 1,8 Millionen Schilling kassiert, wird ihr plötzlich vorgeworfen, weil sie mit dem »Bundesländer«-General Kurt Ruso »mehr als nur freundschaftlich verkehrt« habe, wie der SPÖ-Abgeordnete Heinz Kapaun die staunende Öffentlichkeit wissen lässt. Nach langem Hin und Her stellt sich heraus, dass Ruso Matyseks Unterschriften gefälscht hatte.

Am 29. April 1987 platzt dann die Bombe. Mitten im Wiener Landesgericht. Ottilie Matysek ist als Zeugin aufgeboten. Es geht um die Behauptung des »profil«-Journalisten Alfred Worm, Bundeskanzler Sinowatz habe am 25. Oktober 1985 vor dem burgenländischen Landesparteivorstand seine Genossen angesichts der guten Umfragewerte des VP-Bundespräsidentschaftskandidaten Kurt Waldheim beruhigt: Zur »rechten Zeit« werde man in einer groß angelegten Kampagne die österreichische Bevölkerung »über Waldheims braune Vergangenheit informieren«. Waldheim ist inzwischen Bundespräsident, Sinowatz ist als Kanzler bereits zurückgetreten – und wagt Verhängnisvolles: Er klagt Worm. Der, nicht faul, holt sich Frau Matysek als Ohrenzeugin der Vorstandssitzung. Und – unter Wahrheitspflicht – bestätigt die inzwischen aus der SPÖ Ausgestoßene: Ja, Sinowatz habe das damals gesagt. Hier seien ihre handschriftlichen Notizen. Richter Ernest Maurer: »Lesen Sie vor!« – »Aber es sind ja nur Stichworte!« – »Macht nichts, lesen Sie!« – Matysek rezitiert: »Bundespräsidentenwahl ... Umfrage. Vorsprung von Waldheim ... Österreicher rechtzeitig an Waldheims braune Vergangenheit erinnern ... Bundespartei zwar pleite, aber irgendwie das Geld schon her ...«

52 Ohrenzeugen hat es gegeben, darunter natürlich auch den Landesparteivorsitzenden Kery. Keiner kann sich nachträglich an diesen für Sinowatz verhängnisvollen Ausspruch erinnern. Als Sinowatz auch Matysek klagt, sagt Kery als Zeuge aus: Nein, das habe Sinowatz nicht gesagt. Das hätte er als Vorsitzführender doch hören müssen ... Vielleicht habe Frau Matysek das Protokoll erst später angefertigt. Aus Rache. Schließlich habe sie ja auch als Klubchefin einmal ihre Kollegen als »Zombies« abgetan. Sagt Kery.

Fast alle 52 mutmaßlichen Ohrenzeugen werden im Laufe des Jahres1987 von Richter Maurer einvernommen. Keiner kann sich an den Satz erinnern. Nein, das wäre bei so engagierten Antifaschisten wie den burgenländischen Genossen jedem aufgefallen, beteuern sie. Zeuge Erwin Schneeberger sorgt wenigstens noch für eine heitere Note. Richter Maurer: »Sind Sie auch begeisterter Antifaschist?« – »Nein, überhaupt net. Ich bin Unternehmer!« Matysek geht inzwischen noch einen Schritt weiter. Schreibt ein Buch über die »Machthaberer«, wird mit einer Flut von Klagen eingedeckt: Kery klagt wegen Verleumdung, der Sipötz klagt, weil sein Charakter ausführlich beschrieben wurde. So was tut man nicht. Nicht in Pannonien.

Fred Sinowatz und Theodor Kery

Am 12. Oktober 1987 wird der Vorsitzende der SPÖ, Dr. Fred Sinowatz vom Richter Ernest Maurer verurteilt: Er habe als Zeuge zweimal gelogen. Eine Sensation sondergleichen. Worm ist rehabilitiert. Frau Matysek nicht wirklich. Sie steht später selbst unter Anklage, die »Bundesländer«-Versicherung geschädigt zu haben, wird freigesprochen. Noch ein Prozess – schließlich Rehabilitierung durch den Obersten Gerichtshof. Sie hat zwar gewonnen, aber ihre Karriere ist beim Teufel. Apropos Maurer: Im Nachhinein versteht man immer die Zusammenhänge etwas besser. Das vehemente Kesseltreiben der SPÖ im Winter 2000/2001 gegen den »Nullgruppler« Ernest Maurer, der etliche heikle Mediensachen für die FPÖ entschied, mag eine späte Rache an den völlig unangepassten Verhalten des Richters in der Causa Sinowatz contra Worm gewesen sein.

Was das alles mit Theodor Kery zu tun hat? Die Ereignisse haben sich während seiner langen Vorsitzführung in der burgenländischen Partei abgespielt. Auch wenn er sich gegen Ende seiner Amtszeit immer mehr den Hermelinkragen eines überparteilichen Landesvaters zulegte, der über den Niederungen der Parteipolitik stand, so enthebt ihn dies nicht der Mitverantwortung für Zustände, die die Öffentlichkeit zunächst gar nicht glauben wollte. Am Höhepunkt der Auseinandersetzungen mit Ottilie Matysek hatte der engste Kreis um Sinowatz den Plan ausgeheckt, die Unliebsame krankheitshalber in Frühpension als Schuldirektorin zu schicken. Der Richter Ronald Schön: »Aber Sie sind doch nicht krank?! Sie werden mir doch net ernsthaft erklären wollen, dass Sie die Partei zum Betrug anstiftet?« – Matysek: »Doch. Die Unterschrift von Kery war bereits da.« – Schön: »Das wären Steuergelder gewesen!« – Matysek: »Richtig. Und zwar Millionen ...«
Dass nicht nur Sinowatz wegen falscher Zeugenaussage zu 360 000 Schilling Geldstrafe verurteilt wird, der dritte Landtagspräsident (Frasz sein Name) zu 324 000 Schilling (ebenfalls falsche Zeugenaussage), ist der unschöne Schluss einer Ära, die so gut begonnen hatte. Es war die Ära »Kery«. Oder sollte man doch eher »Ära Sinowatz« sagen? Sie endet letztlich mit einer Verurteilung Kerys (falsche Beweisaussage) und mit dem pathetischen Schlusswort ihres einstigen Landeshauptmannes: »Die Burgenländer sollen wissen, dass sie nicht viermal einen Lügner gewählt haben.« Danach herrscht Schweigen im Walde. Kery zieht sich nach Kobersdorf zurück, unternimmt groß angelegte Reisen, selbst zu seinem 70. Geburtstag wissen die verbliebenen Getreuen nicht, wohin sie ihre Ergebenheitsadressen richten sollen. Beim 80er sind die Töne schon wieder etwas milder, die Zeitungen widmen dem großen Sohn des Burgenlandes Ein- bis Zweispalter. Doch Kery selbst lässt sich nicht mehr blicken. Er hat genug von Zeitungen.

Rebell aus Neukirchen am Walde

JOSEF RATZENBÖCK

Hinter jedem erfolgreichen Mann steht eine Frau. Eine Binsenweisheit. Aber es kommt auf deren Selbstverständnis und Temperament an, ob sie vorn an der Rampe stehen will oder im Schlagschatten. Bei Anneliese Ratzenböck ist »Fall 1« angesagt. Und daher beginnt diese Lebensgeschichte des Josef Ratzenböck mit Anneliese, geborene Polz. Der Name hat heute noch einen guten Klang im Oberösterreichischen. Bruder Hermann brachte es zum Chefredakteur der marktbeherrschenden »Oberösterreichischen Nachrichten«, Anneliese schrieb darin jahrelang unter dem leicht zu durchschauenden Pseudonym Anneliese Röck eine Frauen-Kolumne und der Ehemann Josef brachte es gar bis zum Landeshauptmann.

Eine starke Familie. Alle drei stammen aus dem winzigen Neukirchen am Walde, wo sie Nachbarskinder waren. Die Ratzenböcks hatten das Gasthaus auf Nr. 67, die Polz das Haus Nr. 66 gegenüber. Und während der Vater Ratzenböck sich als Lohndiener im Wiener »Sacher« das Geld vom Mund absparte, um später im Heimatort Neukirchen eine Existenz zu gründen, so war es bei Vater Polz ähnlich. Der war Lehrer und konnte auch erst in mittleren Jahren daheim sesshaft werden. Anneliese, Josef und Hermann kannten sich so seit Kindertagen. Aufmerksam wurde die 15-Jährige aber erst auf den 20-jährigen Jusstudenten Josef, als er allzu oft bei den Polz einkehrte und Unmengen von Mehlspeisen verschlang. Sommers musste Josef seinen Eltern als unbezahlter Knecht in der Landwirtschaft helfen, nur die Wintersemester konnte er in Wien studieren. Das war eben nur bei Jus möglich. Obwohl ihm Geschichte oder Archäologie viel lieber gewesen wären.

Es ist daher bis heute nicht eruierbar, wann und in welchem Lebensjahr Anneliese und Josef einander so näher gekommen sind, dass daraus eine Ehe entstand. Wenn die Frau des Hauses gefragt wird, was ihr erster bleibender Eindruck von ihrem späteren Ehemann war, so fällt die Antwort recht seltsam aus: »Eine uralte speckige Lederhose.« Der am 15. April 1929 geborene Josef ist nicht der erste Landeshauptmann gewesen, der aus einer einfachen Gastwirtsfamilie kommt. Schon Prälat Johann Nepomuk Hauser, der von 1908 bis 1928 regierte, stammte aus ähnlichen Familienverhältnissen ab. Er hatte es in seiner Karriere übrigens schwerer als sein Nachfahre Ratzenböck. Denn Hauser hatte als Landeschef noch seiner Apostolischen Majestät Franz Joseph I. den Eid geleistet. Und später der Republik gedient. Das konnte ihm so mancher nicht vergessen.

Wenigstens dieses Problem blieb Josef Ratzenböck erspart. Doch wie allen Österreichern dieser Generation blieb ihm der Weltkrieg nicht erspart. 1944 zog man den 15-jährigen Schüler am Akademischen Gymnasium Linz zum Volkssturm ein, erst 1948 konnte der von Verletzungen verschont Gebliebene maturieren. Obwohl er eigentlich Landwirt werden wollte und auch während seines Jurastudiums bis 1952 auf dem elterlichen Anwesen mitarbeitete, blieb er dann doch den Rechtswissenschaften treu und promovierte.

Und weil er ja auch Staatsrecht studiert hat, macht er sich einen Jux. 1952, während die Besatzungsmächte noch Österreich beaufsichtigen, ruft der junge Spund mit einigen Freunden in Neukirchen die freie unabhängige Republik »Stauding« aus. Ratzenböck ist natürlich deren Minister. Der Studentenulk nimmt um ein Haar ein böses – nämlich gerichtliches – Ende. Österreichische Zeitungen werden auf dieses Unikum aufmerksam, schließlich berichten sogar die »Herald Tribune« und die »Times« darüber. Klar, dass die Staatspolizei hellhörig wird: Geheimbündelei? Staatsfeindliche Tätigkeit? Man kann nie wissen. Die Zeiten sind unsicher und voll der Unwägbarkeiten. Es endet in Abmahnungen und dem guten Rat, lieber zu arbeiten als zu blödeln.

In Linz ist zu dieser Zeit ein Zivilrichter namens Rupert Hartl tätig, ebenfalls Kriegsteilnehmer, etwas älter schon, Sozialdemokrat. Der junge Jurist Ratzenböck macht bei ihm das obligate Gerichtsjahr. Die Wege der beiden sollten sich später wieder kreuzen. Oder sollte man angesichts des politischen Klimas in Oberösterreich einen anderen Ausdruck suchen?

Man geht eine Zeit lang parallel – so ist's besser gesagt: Hartl wird später neben dem ÖVP-Landeshauptmann Ratzenböck dessen SPÖ-Stellvertreter sein.
Nach dem Gerichtsjahr geht's auf Arbeitssuche. Gar nicht so einfach. Ratzenböck versucht es bei der Landesregierung, bei der Handelskammer, bei der Landwirtschaftskammer – überall vergeblich. So tritt der Jurist Ratzenböck schließlich in die Dienste der oberösterreichischen Volkspartei und wird dem Landesparteisekretär Erwin Wenzl attachiert. Doch Ratzenböck möchte mehr sein als ein beliebig benutzbares »Beiwagerl«: Er erwirbt sich Spezialkenntnisse im Sozialrecht und im Wohnungsbau, wird solcherart über die Grenzen seines Heimatlandes bekannt und geschätzt. Für den weiteren Aufstieg braucht man aber auch so etwas wie eine eigene »Hausmacht«. Ratzenböck baut sehr konsequent den oberösterreichischen Rentner- und Pensionistenbund auf. Warum auch nicht? Im Laufe vieler Jahre nimmt die Mitgliederzahl dieser VP-Teilorganisation auf rund 69 000 zu. Das ist schon etwas, auf das man als Landessekretär bauen kann.
Als 1971 der hoch aufgeschossene, schlaksige und trockene Erwin Wenzl Landeshauptmann wird, bleibt Ratzenböck an seiner Seite – als neuer Landesparteisekretär. Vielen dieser Funktionäre hat man nachgesagt, als Wahlkampfmanager und Parteistrategen die eigentlich mächtigen Männer in ihren Ländern gewesen zu sein. Bei Ratzenböck stimmt's hundertprozentig. Nur zwei Jahre genügen dem bulligen Parteimann, um aus dem Schleinzer-ähnlichen Wenzl einen Spitzenkandidaten zu formen, mit dem man 1973 getrost in die Landtagswahl ziehen kann. Die Wiener mögen lächeln ob der Verformungen, die an dem biederen Wenzl vorgenommen werden – Ratzenböck ist das herzlich egal. Immerhin hat einst auch Helmut Kohl den Frisör gewechselt und ein neues Brillenmodell auf die Nase geklemmt. »J. R.« macht in der Propaganda aus seinem Spitzenkandidaten eine Kunstfigur, den »Löwen von Oberösterreich«. Eine Schallplatte ist diesem Wundertier gewidmet – und wo immer Wenzl auf seiner Wahltour auf-

tritt, ertönt der Gassenhauer wie das Amen im Gebet: »Wer ist der Mann, der alles kann ...« Natürlich der »Löwe«! Ratzenböck ist als Wahlmanager hart zu sich selbst, hart zu seinem »Spitzenprodukt«, hart zu den Funktionären. Aber er hat Erfolg mit der Masche. Wenzl landet einen Wahlsieg, den er allein nie geschafft hätte. Er weiß das und macht Ratzenböck in der neuen Regierung zum Landesrat. Kultur gehört zu seinen Belangen, natürlich der Wohnbau, das Sozialwesen. Ratzenböck ist unermüdlich. Er richtet nicht nur Sprechtage ein, sondern schafft auch etwas Neues, das später viele Länder bei ihm kopieren: Das »Bürgerservice« entsteht, also eine unbürokratische Anlaufstelle für die Leute am Land, um ihnen bei Problemen mit der Beamtenschaft zur Hand zu gehen. Weil er Wenzl so gut gemanagt hat, wollen ihn die Wiener als Werbeberater für ihren Bundesparteiobmann Karl Schleinzer haben, der ja ein ähnliches Problem darstellt, wie es Wenzl früher war. Manche überlegen bereits, ob er nicht gleich den Generalsekretär Herbert Kohlmaier ersetzen sollte. Doch der 46-Jährige spielt da nicht mit. Füllt lediglich seine Rolle als leicht angegrauter »Junglöwe« in der Umgebung Schleinzers aus: Lanner & Taus, Mock & Steinbauer, Busek & Hubinek, das sind die Personalangebote jener Zeit.

In der Linzer Kroatengasse 35, keiner sehr noblen Wohngegend, wo die Ratzenböcks mit ihren drei Kindern eine 150 Quadratmeter große Neubauwohnung besitzen, klingelt am Morgen immer früher schon der Wecker. Beim Landesparteisekretär war das »erst« um halb sieben, jetzt, beim Landesrat, klingelt's schon um sechs. Es sollte bald noch eine halbe Stunde früher werden. Denn im Herbst 1977 muss sich Erwin Wenzl aus seinen Ämtern als Landeshauptmann und ÖVP-Landesobmann zurückziehen. Eine private Sache, die in Wiener politischen Kreisen unter der Hand gehandelt wird; eine Freundin, die letztlich sogar den Linzer Diözesanbischof beschäftigt. Wenzl berichtet den Journalisten von seltsamen Herzrhythmusstörungen und geht.

Klar, dass Josef Ratzenböck nachfolgen wird. Das Rüstzeug

hat er längst parat, ein gesundes Herz hat er auch. Und ein intaktes Familienleben. So intakt, dass er einmal scherzt, er wolle beim nächsten Mal nicht mehr antreten, sondern gleich seine Frau ins Rennen schicken. Für das Arbeitspensum, das er sich damit aufgehalst hat, braucht man mehr als nur eine kompakte Konstitution: Im Laufe seiner Amtszeit packt man ihm eine Fülle von Ämtern, Posten, Aufsichtsratssitzen auf, die einen 16-Stunden-Tag bedeuten.

Das Tempo, das neue Landeshauptleute vorlegen, ist meistens ein hohes. Legionen von Kabinettschefs, Pressesekretären und persönlichen Sekretären haben sie verschlissen. Es wäre eine lohnende Mühe, einmal die Kopfzahl derer zu errechnen, die seit 1945 in den Diensten der österreichischen Landeshauptleute gestanden sind. 24 Jahre lang hat Josef Ratzenböck für Erwin Wenzl in dessen verschiedenen Funktionen gearbeitet. Als er selbst »oben« steht, zieht er einen jungen Magister quasi auf, der dem Meister als Landesparteisekretär zu dienen hat. Eine heikle Gratwanderung, die auch viel Selbstverleugnung erfordert. Denn aller Erfolg, aller Ruhm hat auf dem Kopfe des Erwählten zu landen, alle Mühsal hat der junge Sekretär im Stillen zu erdulden. Ratzenböcks stummes Alter Ego heißt Helmut Kukacka. In Linz an der Donau als intellektueller Vordenker geschätzt, verblasst seine »Performance« später rasch, als ihn Ratzenböck nach Wien schickt.

Doch bevor es so weit ist, schlägt das Duo Ratzenböck/Kukacka 1979 eine sensationelle Landtagswahl, die zum baldigen Abschied des SPÖ-Konkurrenten Rupert Hartl führen sollte. Dabei war die Ausgangslage eine äußerst prekäre: Am 6. Mai desselben Jahres hatte Österreich bei den Nationalratswahlen zwischen Bruno Kreisky und Josef Taus zu wählen gehabt. Der Sieg für Kreisky war ein gewaltiger. In Oberösterreich hatte die SPÖ die »Schwarzen« um 65 000 Stimmen überholt. Ratzenböck scheut sich überhaupt nicht, den Landeshauptmann-Bonus schamlos auszunützen. Und er setzt seine Frau nicht nur bei den Goldhaubenträgerinnen ins beste Licht. Sie ist seine Stimmenkeilerin – und fühlt sich auch noch wohl dabei.

Josef Ratzenböck wird von Bundespräsident Kirchschläger angelobt

Die marktbeherrschende Zeitung ihres Bruders Hermann Polz ist sich offensichtlich nicht ganz so sicher, was die öffentlichen Auftritte der Frau Landeshauptmann betrifft. Doch als dann eine Umfrage des Imas-Instituts (Auftraggeber: ÖVP, Obmann: Josef Ratzenböck) vorliegt, ist die Erleichterung groß. So groß, dass die »Oberösterreichischen Nachrichten« das Ergebnis dreispaltig ins Blatt rücken, in dem Frau Ratzenböck ja weiter als Kolumnistin werkt: 66 der Befragten finden Frau Anneliese Ratzenböck-Röcks Auftreten »sympathisch«, nur vier Prozent »stört es irgendwie«. Na dann!
Josef Ratzenböck himself hingegen verspricht Dinge, die man bis dato eher von den Sozialisten zu hören gewohnt war: Die Freifahrt in den Kindergarten hatten sich Land, Gemeinden und die Eltern gedrittelt. Jetzt übernimmt das Land dieses Elterndrittel. Und für die vielen Hauslbauer hat er ebenfalls

milde Gaben im Rucksack: Ein zinsenloses Darlehen über 50 000 Schilling – oder 20 000 Schilling in bar, ohne sie zurückzahlen zu müssen. Vom Geld versteht der grau melierte Frühaufsteher und Hobbygärtner etwas. 1983 wird er von diversen Zeitungsleuten gefragt, warum er partout nicht nach Wien wechseln wolle, sollte es zur Neuauflage einer großen Koalition kommen (wozu es dann ohnedies nicht kommt). Routiniert antwortet Ratzenböck auf den Köder, der da Finanzministerium heißt: »Wozu sollte ich Bundesfinanzminister werden wollen? Hier im Land bin ich mein eigener Finanzminister.«

Und so agiert der routinierte Altstar auch in seinem Lande. Seine politischen Gegner kommen und gehen, dass einmal der SPÖ-Chef Karl Grünner hieß – wer weiß das heute noch? Auch die FPÖ spielt unter Horst Schender bis zum Heraufdämmern des Sterns aus dem Süden, Jörg Haider, eine äußerst bescheidene Rolle. 1985 montiert Ratzenböck die blaue Riege dermaßen ab, dass sie mit drei Landtagsmandaten nicht einmal mehr im Kontrollausschuss des Landtags vertreten ist. Er hat Glück mit seinen Wahlterminen. Denn seit 1986 gewinnt Haider jede Landtagswahl. Bis dahin hat Ratzenböck noch vier Jahre Verschnaufpause.

1991 wird die Sache dann freilich schon recht eng. Zunächst hatte Haiders FPÖ in der Steiermark kräftig einkassiert und dem Josef Krainer bewiesen, dass sich die Zeit der richtigen Länderfürsten dem Ende zuneigt. 30 von 56 Mandaten hat Ratzenböck zu verteidigen. Er tut es mit bittender Geste. »Ich war immer für euch da – jetzt brauche ich euch!« Na, das klingt gar nicht mehr nach Sieger-Typ. Mit ihrer blitzblanken Familienidylle wollen Anneliese und Josef, die Nachbarskinder aus Neukirchen, das Glück noch einmal zwingen. »J. R.« mit der rekordverdächtigen Hutgröße 63 soll das Schiff auf Kurs halten. Er tut's. Mit Verlusten. Mit 97,4 Prozent wählen ihn die Seinen auch noch im Jahr 1992 neuerlich zum Landesparteiobmann. Denn es ist ihnen klar: So einer kommt nicht wieder. Die Weichen sind schon für Josef Pühringer gestellt. Aber wird der in dieser unnachahmlichen Mischung aus Arroganz, Bescheidenheit, Rechthaberei und dozierendem Redefluss agieren können?

1993 sagt Ratzenböck, dass er 1997 vielleicht doch noch einmal kandidieren könnte. 1994 sagt er, dass er sich schon vorstellen könnte, noch zu bleiben. 1995 – und zwar gleich im Jänner – tritt er ab. Bevor sich seine Kritiker noch zusammenfinden, um ihn nach 17 Jahren aus dem Amt zu hebeln, geht der alte Fuchs lieber selber. Zwei Jahre vor Landtagswahlen, die auch für ihn nicht zu gewinnen wären. Warum also nicht?

»Seine Rolle rund um den Sturz Alois Mocks und die Kür Josef Rieglers zeigte damals vielleicht schon, dass Ratzenböck eigentlich ein Politiker aus einer anderen Zeit war und ist; aus jener, in der es genügte, sich als gütiger Vatertyp zu präsentieren«, schreibt Anneliese Rohrer in der »Presse« zum Abschied. »Den Stürmen, die über die ÖVP, auch seine eigene, ab den späten 80er-Jahren hereinbrachen, war er politisch nicht mehr wirklich gewachsen. Mit der geschickten Art, wie er seinen eigenen Rückzug aber in den letzten Wochen vorbereitet hat, wies er sich wieder als absoluter Profi aus.«

Und so wie er haben es am Schluss alle Landeshauptleute gehalten: »Wenn ich mir meinen Kalender anschaue, der bis Weihnachten voll ist mit Terminen, und mir denke, dass ich da überall nicht mehr dabei sein muss, dann freue ich mich.«

Ratzenböck hat den Ruhestand mit seinen Hobbys Reisen und Gärtnern sehr gut überstanden. Und er ist in sein geliebtes Neukirchen zurückgekehrt. Ganz wie die Vorfahren, wenn sie nach einem erfolgreichen Berufsleben die letzten Jahre in der Heimat zugebracht haben.

Der »lärchene Stipfl«

Josef Krainer d. Ä.

Man lebt dieses Leben nur einmal. Lass mich alles, wodurch ich dem Anderen von Nutzen sein kann, unverzüglich tun; lass mich nichts vergessen oder übersehen, denn die Gelegenheit dazu kehrt nicht wieder.«
Dieses auf einem kleinen Zettel handgeschriebene Gebet finden die Kinder des Josef Krainer in der Jagdjoppe des Vaters, als sie ihn am 28. November 1971 daheim aufbahren. Während seiner geliebten Jagd hat das Herz versagt. Das war bei Wildon.
Am Tag vor seinem Tod hatte der 68-Jährige in Haidegg eine harte Auseinandersetzung mit Vertretern der Jungen ÖVP. Der 27. und 28. November brachten zudem – nach tagelanger Nebeldecke – die höchste Schwefeldioxidbelastung seit vielen Jahren. Mit einem Nachbarn aus Gasselsdorf war Josef Krainer frühmorgens auf die Fasanjagd gegangen. Auf dem Platz, der ihm zugewiesen ward, hob er gerade sein Gewehr und sagte zum Nachbarn noch: »Der ist mir zu weit«, ließ die Waffe fallen und stürzte leblos zu Boden. Die Jagdgefährten liefen herbei, ein Arzt war darunter, doch auch der konnte nicht mehr helfen. Nur konstatieren, dass das Herz still stand. Man brachte ihn zu seinem Haus am Pregl-Weg, wo sie ihn aufbahrten.
In der grünen Lodenjoppe findet sich noch ein zweiter Zettel. Gefaltet auf die Größe einer Banknote. In Kurrent steht da: »Der Niederl soll Landeshauptmann werden. Er ist der Verlässlichste und Beste. Mit ihm kann man die Steiermark politisch halten. Vielen Dank meinen Freunden. Beim Leichenbegängnis keinen Prunk, nur ein Gedenken.«
Seit dem Juli 1965, bevor er sich auf der Stolzalpe einer komplizierten Knieoperation unterziehen musste, hatte der steirische Landeshauptmann dieses Testament in seiner Brieftasche mit sich getragen. Der erwähnte Friedrich Niederl wusste nichts davon. Der älteste Sohn Josef war der Einzige, den der Vater ins Vertrauen gezogen hatte.
23 Jahre hat Josef Krainer die Steiermark geführt. Wieder aufgebaut und verwaltet nach den Katastrophen des Welt-

krieges. Und jetzt dieses völlig überraschende Weggehen an einem Sonntagmorgen. Die Steiermark steht unter Schock, die Meldung erreicht schon am frühen Vormittag die österreichischen Redaktionen. In der »Presse« ist kein Nachruf vorbereitet. Wer denkt auch an so etwas? Reinhard Hampel hat Sonntagsdienst in der Innenpolitik. Aber bald übernimmt sein Ressortchef Thomas Chorherr das Kommando. Josef Krainers Tod wird in allen Zeitungsstuben »Chefsache«. Denn allen, die an diesem Sonntag an den Würdigungen feilen, ist klar: Da wird der wohl wichtigste und einflussreichste unter den Landeshauptleuten begraben. Und dann die zweite Überlegung: Wer ist der Niederl? Außer Mitglied der Landesregierung?

Nun, »der Niederl« sollte sich als äußerst geeigneter Nachfolger entpuppen. Die Wahl des alten Krainers erwies sich als goldrichtig. Und als segensreich auch für den ältesten Krainer-Sohn gleichen Vornamens. Denn schon seit einiger Zeit wurde spekuliert, ob nicht der bestens ausgebildete Junior dem Vater im Amt folgen könnte: Nationalratsabgeordneter und steirischer Bauernbunddirektor ist er schon. Ein politisches Naturtalent obendrein. Aber die Zeit ist für den 41-Jährigen noch nicht reif. Das meint auch der Sohn.

Der Vater weiß es. Und bestimmt solcherart Niederl als Platzhalter. Die Zeit für Krainer jun. sollte schon noch kommen.

1903 in Sankt Lorenzen ob Scheifling. Die »Schanzlkeusche« nahe dem Bahndamm sieht nicht danach aus, als ob hier am 16. Februar ein Landeshauptmann geboren worden wäre. Und es ist ja auch nur ein Zufall: Die hochschwangere ledige Magd Theresia Krainer wollte ihre Schwester besuchen, rutscht auf der Treppe aus, die Wehen kommen – da ist der kleine Josef. Sein Vater, der bettelarme Wegmacher Raimund Moser, erfährt erst später davon. Er hat die Magd nie geheiratet, stand aber später in gutem Kontakt zu Mutter und Sohn.

Josef Krainer kommt auf den kleinen Feldbaumerhof in Forst bei Kobenz, denn Mutter Theresia heiratet dort ein. Mit 15

wird der aufgeweckte Bub Knecht beim Kobenzer Nachbarbauern. Der Seppl hat schon während der Schule das Interesse des sozialdemokratischen Lehrers geweckt, aber der Jungknecht hält sich an die Vorgaben der Mutter und schließt sich den Christlichsozialen an. Er ist ein geborener Redner, ohne es studiert zu haben. Mit 18 hat er schon in Kobenz eine Ortsgruppe der christlichen Land- und Forstarbeiter auf die Beine gestellt, mit 21 ist er steirischer Landesobmann. Holzknecht bleibt er weiter von Beruf. Mit einem Motorrad knattert er abends zu Versammlungen, vertieft nebenbei seine dürftige Bildung bei kirchlichen Seminaren.
1927 – in Wien streben die bürgerkriegsartigen Auseinandersetzungen zwischen »Schwarzen« und »Roten« mit dem Brand des Justizpalastes ihrem ersten Höhepunkt zu – da entschließt sich Josef Krainer, hauptberuflich in die Politik und Standesvertretung zu gehen. Als geschäftsführender Landessekretär des christlichen Landarbeiterverbandes kann er ein Jahr später das Kobenzer Bauernmädchen Josefa Sonnleitner ehelichen. 1930 übersiedelt er mit seiner Frau nach Graz, wo man in der Elisabethinergasse 21 im Haus der Christlichen Gewerkschaften eine kleine Wohnung findet. Hier kommt am 26. August 1930 der älteste Sohn zur Welt. Natürlich heißt er wieder Josef.
Der Herr Gewerkschaftssekretär und Familienvater hat freilich kein sicheres Monatseinkommen. Die Land- und Forstarbeiter sind selbst bettelarm, in der Gewerkschaftskasse klimpern wenig Schillinge. So muss Krainer zwangsläufig Ämter-Multi spielen, sogar Sekretär der christlichen Bauarbeitergewerkschaft ist er eine Zeit lang. Viel Arbeit, viel Verantwortung für recht wenig Geld. Die schlimmen Jahre der Zwischenkriegszeit verlangen ständig Hilfsaktionen für arbeitslos gewordene Landarbeiter. In der sozialen Hierarchie sind das überhaupt die ärmsten Teufel.
Josef Krainer gehört zum politischen »Establishment«. Er steht mit Karl Maria Stepan gut, der 1934 vom Dollfuß-Nachfolger Kurt von Schuschnigg zum Landeshauptmann er-

nannt werden sollte. Der »systemtreue« Krainer hält davor aber auch zur anderen Seite gute Kontakte, so auch zum Arbeiterführer und früheren Nationalratsabgeordneten Koloman Wallisch. Als Rädelsführer wird Wallisch in Wien schließlich hingerichtet. Allein in der Steiermark hat der Aufstand des sozialdemokratischen Republikanischen Schutzbundes an die 60 Tote gefordert. Krainer wird es eine Lehre fürs Leben sein.

Der vom »Ständestaat« installierte Landeshauptmann Stepan sorgt dafür, dass Krainer zusätzlich auch noch Grazer Vizebürgermeister wird – und jetzt kann der Vielfachfunktionär endlich an die Errichtung eines eigenen Hauses denken. Am Rosenberg, heute Fritz-Pregl-Weg, soll das Eigenheim entstehen. Rasch macht der Bau Fortschritte. Und dann schlägt die Weltgeschichte zu.

Am 12. März 1938, in aller Früh, holen ein paar Gestapo-Leute den Ständestaat-Funktionär Krainer ab. Die Wohnung stellen sie auf den Kopf. Für einen langen Abschied von der Frau und den drei Kindern bleibt keine Zeit. Der Familienvater gehört zu den Prominenten der ersten Stunde, die allesamt ins Grazer Polizeigefängnis am Paulustor gebracht werden. »Schutzhaft« nennt man das. Stepan ist da, Alfons Gorbach, der Landesleiter der Vaterländischen Front, ist da. Beide kommen am 1. April 1938 ins KZ Dachau. Krainer bleibt auf wundersame Weise verschont. Der Mann, der seine schützende Hand über Krainer hält, heißt Sigfried Uiberreither. Er hat als Krankenkassenbeamter in der Elisabethinergasse direkt neben Krainer gearbeitet und ihn als anständigen Menschen kennen gelernt. Wenige Wochen später wird Uiberreither NS-Gauleiter und Landeshauptmann. Josef Krainer kann heimgehen.

Aber wohin? Und wovon leben? Vom Holz versteht der einstige Knecht am meisten und so kommt er beim Baumeister Bauer als Holzeinkäufer unter. Der Chef hat eine kleine Ziegelei in Gasselsdorf, südwestlich von Graz. Und er bietet seinem neuen Mitarbeiter an, sich an der Fabrik zu beteiligen,

wenn er bereit wäre, dort auch zu wohnen. Mit der Barschaft der Schwiegermutter kauft sich Krainer in die Firma ein, erlernt rasch die Ziegelfabrikation und kann so im »Exil« die Familie durchbringen. Ein Glücksfall, der wenigen Zeitgenossen beschieden ist. Schon gar nicht Leuten mit ähnlicher christlichsozialer Vita. Der einstige Politiker wird zwar von der Polizei überwacht, ist aber geschickt genug, Kontakte mit früheren Mitstreitern nicht auffliegen zu lassen. Mit der angeschlossenen kleinen Landwirtschaft kann das Nötigste zum Leben erwirtschaftet werden. Und Krainer fühlt sich pudelwohl: Zum ersten Mal in seinem Leben ist er selbst Bauer auf eigenem Grund. Seinen ältesten Sohn schickt er als »Pimpf« zur Hitler-Jugend, besteht aber gleichzeitig darauf, dass der Junior sonntags mit dem Rad in die drei Kilometer entfernte Ortschaft St. Martin fährt um dort zu ministrieren.
Nur kein Aufsehen, so lautet die Devise.
In dieser Zeit kommt der Ziegeleibesitzer Krainer mit dem Bergbauern Peter Assigall aus Stammeregg unweit der jugoslawischen Grenze in geschäftlichen Kontakt. Assigall benötigt Ziegel, Krainer liefert. Sie erkennen bald, dass sie ähnliche politische Ideen verbinden. Man bleibt in losem Kontakt.
Am 18. März 1945 klopft Postenkommandant Hiermann vom Gendarmerieposten Pölfing-Brunn bei Krainer an. Zwei Tage schon trägt er den Haftbefehl für den einstigen Grazer Vizebürgermeister und Arbeiterkammerpräsidenten in der Tasche mit sich herum. »Lieber Krainer«, eröffnet er dem Gesuchten, »morgen muaß i di verhaften!«
Die Warnung rettet Krainer das Leben. Soeben sind acht Männer von der SS am Rande eines Bombentrichters auf der Hebalm erschossen worden. Die Nationalsozialisten wollen vor dem endgültigen Untergang noch möglichst »reinen Tisch« machen. Aber nicht mit Josef Krainer. Der ist nämlich verschwunden, als der Gendarm Hiermann am nächsten Tag wieder kommt. Die Ehefrau kann keine sachdienlichen Hinweise liefern, Krainer hat ihr wohlweislich verschwiegen, wohin er flüchten würde.

Beim Assigall hat er sich versteckt, droben in der Einschicht. Auf dem Stindlweberhof in Stammeregg arbeitet er – wieder einmal – als Knecht. Und wenn SS-Kommandos auf der Jagd nach jugoslawischen Partisanen vorbeikommen, flüchtet Krainer auf den noch höher gelegenen Glirschhof des Bauern Krottmayer.

Nur einmal tritt Krainer öffentlich auf. Leicht hätte es ihn dabei – in diesen letzten Kriegstagen – erwischen können. Es war auch mehr als leichtsinnig, was Krainer da wagt.

Am Radlpass war eine relativ starke Einheit der deutschen Wehrmacht im Kampf gegen die Partisanen aufgestellt. Die Gefahr, dass es hier zu einem letzten verlustreichen und völlig sinnlosen Abwehrkampf kommen könnte, wächst von Tag zu Tag. Da bittet Krainer seinen Quartiergeber Assigall, ein Gespräch mit dem Kommandanten der Einheit zu versuchen. Der bayrische Hauptmann kann von Krainer überredet werden, den Zusammenstoß zu vermeiden, der nur sinnloses Blutvergießen gebracht hätte.

Diese Episode sollte später vom politischen Gegner – wenn auch nur kurz – weidlich ausgeschlachtet werden. Die SPÖ brachte das böse Wort vom »Partisanen-Seppl« unter die Leut', aber dies konnte diesem Mann nicht mehr wirklich schaden.

Der Gasselsdorfer Betrieb – kriegswirtschaftlich wichtig – floriert. Ziegel werden jetzt in rauen Mengen verlangt. Aber Krainer hat jetzt keine Zeit dafür. Kompagnon Bauer muss allein sehen, wie er da zu Rande kommt. Denn am 8. Mai 1945, als die Wehrmacht bedingungslos kapituliert, wird in Graz schon die neue Landesregierung gebildet. Mit dem Sozialdemokraten Reinhard Machold an der Spitze und dem Christlichsozialen Professor Alois Dienstleder als Stellvertreter. In der Landesregierung sitzen neben drei Vertretern dieser beiden Parteien auch drei Kommunisten – auf Betreiben der Roten Armee. Krainer kümmert sich um das vordringlichste Problem, um die Ernährung. Im Kampf um dringend benötigte Hilfslieferungen scheut er sich nicht, auch manchmal »Fraktur« zu reden.

Die ausländischen Befreier respektieren den Mann. Sie wissen, dass er politisch verfolgt wurde, wissen auch, dass er zu den Gründungsvätern der neuen Österreichischen Volkspartei zählt. Am 18. Mai war er mit sechzig ehemaligen Freunden aus der alten Christlichsozialen Partei mit einem Fuhrwerk nach Graz gefahren, um dort die steirische ÖVP aus der Taufe zu heben. Landesparteichef Dienstleder lässt seinem geschäftsführenden Landesleiter Krainer weitgehend freie Hand. Und der baut in Windeseile den Parteiapparat auf dem flachen Land auf. Denn am 25. November sollen bei den ersten freien Landtagswahlen die Gewichte zwischen SPÖ, ÖVP und Kommunisten ein für alle Mal verteilt werden.
Krainer plant die Wahlkampagne vom Grazer Karmeliterplatz aus, wo sich noch heute die Zentrale der Steirer-ÖVP befindet. Alle Bekannten müssen ausschwärmen, Plakate kleben, unsichere Kantonisten überreden. Der älteste Sohn Josef, von der Familie stets »Pep« gerufen, kann hier erstmals seit der HJ sein rednerisches Talent erproben. Und das gelingt ihm zur Zufriedenheit des Papas.
Mit 53 Prozent der Stimmen und 26 Mandaten erreicht die ÖVP ein Traumergebnis. Die SPÖ kommt auf 20 Sitze, die KPÖ auf zwei. Der obersteirische Bauernbündler Anton Pirchegger wird neuer Landeshauptmann, Josef Krainer ist Landesrat für Gemeinden, fürs Forst- und Veterinärwesen, für die Statistik und die Preisbehörde. Von den Amerikanern bekommt er einen alten Chevrolet geschenkt, der als rollendes Büro dienen muss. Der breite Wagen hat noch einen Vorteil. Man kann auf der hinteren Sitzbank herrlich schlafen.
In Gasselsdorf entsteht für die wachsende Familie ein neues Haus. Dort praktiziert der Landesrat jene menschennahe Politik vor der Haustür, die auch das Geheimrezept des Tirolers Eduard Wallnöfer war. Krainer ist Listenführer im Landtag für den Wahlkreis West- und Untersteiermark – und an den Wochenenden ein »Opfer« seiner Wähler. Am Stammtisch im Gasthaus Brand in Gleinstätten hört er von den Bauern, was einem Politiker normalerweise verborgen bleibt. Und am

Montagmorgen führt er den Brauch der regelmäßigen Sprechstunde daheim ein. Die Gasselsdorfer laden ihren Kummer bei ihm ab. Denn bis 1950 sollte er ja gleichzeitig auch ihr Bürgermeister sein.
Krankheit lässt Pirchegger resignieren. Am 6. Juli 1948 wird Josef Krainer, der einstige Holzknecht und spätere Ziegeleibesitzer, zum Landeshauptmann »gekrönt«. Er kennt aus nächster Nähe Not und Elend, die die Nachkriegs-Steiermark prägen. Als Überlebende dieses fürchterlichen Krieges haben alle »die einzige Aufgabe, unseren Mitbürgern einen Weg aus all dieser Armut und Bedrängnis zu weisen«, sagt er in seiner Antrittsrede. Nach einem Appell an alle Berufszweige, die Versorgung der Bevölkerung zu sichern, kommt die Botschaft an die benachbarten Jugoslawen: »Gebt unsere Kriegsgefangenen zurück, erfüllt damit eure menschliche Pflicht gegenüber der Seelennot, die viele Mütter, Frauen und Kinder ertragen müssen, weil sie um das Leben ihrer Lieben bangen.« Ein Volk, das mehr als drei Jahre angeblich befreit sei, dürfe wohl den Anspruch erheben, »dass seine Söhne, die für den Wiederaufbau der unverschuldet zerstörten Heimat unentbehrlich sind, endlich ihren Familien zurückgegeben werden.«
Innenpolitisch brisanter ist freilich der Appell nach innen. Eine Handreichung den vielen Nazis gegenüber, die ihrer staatsbürgerlichen Rechte seit 1945 beraubt sind. Sie haben Sühnesteuer zu zahlen, sind von allen öffentlichen Positionen ausgeschlossen und im Begriffe, mit einer eigenen Partei in den Nationalratswahlkampf 1949 zu ziehen. 90 000 »Minderbelastete« warten in der grünen Mark auf ihre Rehabilitierung. Das sind – die Familienangehörigen dazugezählt – unschätzbar wichtige Mandate. Krainer, der schlaue Fuchs, wendet sich an diese interessante Wählergruppe: »Wenn wir ein Volk sein wollen, das diese harte Zeit besteht, dann müssen wir vor allem die Kraft aufbringen, die Vergangenheit zu überwinden und frei in die Zukunft zu blicken. Ich rufe daher alle gut gesinnten Steirer auf: Blickt nach vorwärts und aufwärts, stellt alles Trennende beiseite!«

Das ist Balsam auf die Wunden der so lange Verfemten. Krainer sollte diese Taktik während seiner langen Regierungszeit beibehalten, die gut gesinnten Deutschnationalen in der weit geöffneten steirischen Volkspartei zu integrieren. Und er gibt ihnen auch Raum zur freien Artikulation. Hanns Koren ist der Paradefall. Ein anderer bedeutender Vertreter, Otto Hofmann-Wellenhof, wird das Land jahrzehntelang im Bundesrat repräsentieren. Und Oberst Alexander Götz, Mitbegründer der steirischen FPÖ, ist ein angesehenes Mitglied der besten Grazer Gesellschaft. Seit den Jahren des national-liberalen »Landbundes« weiß man hier sehr wohl zwischen Alt- wie Neonazis und dem national-liberalen Bürgertum zu unterscheiden.

In seiner Tagespolitik, die ihm alle fünf Jahre wie das Amen im Gebet von den Steirern mit einer Mehrheit honoriert wird, ist der liebende Landesvater freilich nur die eine Seite dieser durchaus schillernden Persönlichkeit. Denn wenn's um Forderungen an die Wiener Zentralregierung geht, kann der raue Holzfäller im grauen Lodenrock auch ganz anders. Hier befindet sich Krainer in bester Gesellschaft mit seinen acht Kollegen: Die Steuern hebt der Bund ein, die Ausgaben tätigen die Länder (zum Teil wenigstens). Wer mehr vom Kuchen will, muss in Wien besser taktieren, muss poltern, muss drohen, muss schmollen, muss schmeicheln. Denn jedes Land braucht stets mehr Mittel, als der Finanzminister geben kann. So ist's ein ständiger Sturmlauf gegen die Wiener Bastion, der manchmal siegreich endet, manchmal mit einem Patt, oft aber auch mit blutigen Köpfen.

Ähnlich hält es der alte Krainer mit der Bundespartei. Loyalität wird groß geschrieben – wenn auch die Steiermark was davon hat. Schwächezeichen auf Bundesebene goutiert der Herr in der Grazer Burg nicht wirklich. Und weil er im eigenen Reich der »mächtigste Aar im Luftrevier« ist, liebäugelt er immer wieder mit jenem Modell, das die bayrische CSU so erfolgreich vorhüpft. Zwar dient die Drohgebärde immer nur als Wink mit dem Zaunpfahl, aber in Wien verfallen sie im-

Josef Krainer sen. und Bruno Marek beim Durchschlag des Schneealpenstollens

mer wieder in kopflose Panik, wenn die Gewitterwolken aus Graz aufziehen.

Dass sich die große Koalition auf Bundesebene in den Jahren der Besatzungszeit bis 1955 als zwingende Notwendigkeit anbot, weiß Krainer natürlich am allerbesten. Aber als Beobachter aus der Ferne erkennt er früher als andere die Reibung zwischen den beiden staatstragenden Großparteien, den Sand im Getriebe, der die Länder zunehmend ärgerlich werden lässt. Krainer wird – ohne sich darum zu reißen – zum Wortführer der Landeshauptleute gegen die »Zustände in Wien«. Und just da passiert ihm eine Ordensverleihung, die vom Chefredakteur der sozialistischen »Arbeiter-Zeitung«, Oscar Pollak, meisterhaft ausgeschlachtet wird.

Vier Tage vor den Landtagswahlen 1961 überreicht ihm der deutsche Botschafter das »Große Verdienstkreuz mit Stern

und Schulterband des Verdienstordens der Bundesrepublik Deutschland«. Gegen diese harmlose Auszeichnung reitet Pollak mit einer pointierten Polemik ins Feld: »Der Herr Krainer ist, wie man in Deutschland sehr wohl wissen muss, kein beliebiges Objekt eines internationalen Höflichkeitsaustausches ... Der Herr Krainer ist in Österreich der Hauptexponent der Koalitionsstürmer, der ausgesprochene Gegner des gegenwärtigen Regierungssystems. Ihn auszuzeichnen, heißt den Gegnern der demokratischen Koalitionsregierung anerkennend auf die Schulter klopfen.« Denn dem deutschen Regierungschef Konrad Adenauer sei Österreichs große Koalition ein Dorn im Auge. Infame Schlussfolgerung Pollaks: Nichts liegt näher als die Annahme, dass, wer in dieser Situation vom Ausland Orden bekommt, geneigt oder gar gewohnt ist, von dort auch Order anzunehmen.
Dass der sozialistische Außenminister Kreisky, vor ihm schon der sozialistische Vizekanzler Pittermann, die gleiche Auszeichnung erfahren hatte, stört Pollak nicht. Die Pressepolemik geht weiter, Krainer gewinnt die Landtagswahl und ruft danach den soeben gegründeten österreichischen Presserat an. Vor diesem Gremium, beschickt von den Zeitungsherausgebern und der Journalistengewerkschaft, gibt Pollak eine kleinlaute Ehrenerklärung ab. Die Sache endet somit unrühmlich für den letzten großen Polemiker der österreichischen Parteizeitungen.
Wenn auch unsinnig überzogen, so hat Pollak freilich den Kern des Problems scharfsinnig erkannt. Krainer ist wirklich meist unzufrieden mit dem, was seine Leute in der Bundes-ÖVP tun. Dabei hat er mit viel Geschick seinen langjährigen Vertrauten Alfons Gorbach auf den Sessel des schon schwer kranken Freiheitskanzlers Julius Raab gehievt. In ihrer Politik sind sich die beiden Freunde völlig einig: Das bürgerliche Lager als starkes Gegengewicht zu den Sozialisten soll nicht durch eine dritte Partei gespalten werden. Die FPÖ muss klein gehalten werden. Das kann man nur, indem man selbst den Tausenden NS-Mitläufern die Hand reicht und ihnen in

der ÖVP eine Heimat bietet. Diesem Ziel dient auch der »Ennstaler Kreis«, der sich allerdings bald zu einer innerparteilichen Fronde gegen die Bundespartei mausert.
Als Krainer erkennen muss, dass der allseits freundliche Gorbach von den taktisch versierteren Koalitionspartnern immer mehr ins Eck gedrängt wird, entschließt er sich zum Holzfällen. Er stärkt den innerparteilichen Reformern den Rücken, die schließlich den Salzburger Landesparteichef Josef Klaus in einer Kampfabstimmung gegen den Wiener Heinrich Drimmel an die Parteispitze hieven. Klaus hat sich zuvor schon einen Namen als Landeshauptmann seit 1949 gemacht, danach als äußerst sparsamer Finanzminister unter Gorbach. Der Halleiner Rechtsanwalt und kämpferische Konservative hatte nach Auseinandersetzungen mit der SPÖ ums Budget seinen Hut genommen und war ins Salzburgische retiriert. Jetzt holt man ihn zurück.
Und wenig später wird er auch Bundeskanzler. Gorbach sollte davon fast als Letzter erfahren. Denn Krainer hatte die Landesparteichefs zu einer konspirativen Sitzung ins Wirtshaus Pollerus in Spittal am Semmering gerufen, wo die Würfel rasch gefallen sind.
Die Probleme, mit denen die Steiermark der 60er-Jahre kämpft, die kann auch ein Bundeskanzler Klaus nur sehr bedingt lösen helfen. Krainers Fürstentum befindet sich in einer dramatischen wirtschaftlichen und gesellschaftlichen Umbruchsphase, der ein einzelner Politiker wenig entgegensetzen kann. Die Obersteiermark mit ihren längst unrentabel gewordenen Bergbaugebieten, einer Eisen verarbeitenden Industrie, schlechten Verkehrsanbindungen, wird zur Problemzone. Viele Jahrzehnte noch sollten sich Politiker aller Couleurs damit herumschlagen. Der Erzberg ist schon lang nicht mehr das, was er Generationen von Steirern war. Der Reichtum quillt nicht mehr aus diesem Berg – eine bittere Pille. Krainer schiebt die Schuld den Managern der verstaatlichten Industrie zu, erhofft sich Heilung durch den Bau der Südautobahn. Eine vergebliche Hoffnung, wie sich spater herausstellen wird.

Und immer wieder unternimmt er lautstarke Bittprozessionen zu den Einflussreichen in Wien, für die Krainer ein polternder, donnernder, lästiger Petent wird. In seiner Enttäuschung über die mangelnde Hilfe aus Wien verschont er weder Freund noch Feind. Und wird so – ungewollt – zum Liebling der Wiener Medien. Denn ein Krainer ist immer für eine Schlagzeile gut.

Auch sein persönlicher Einsatz für einen besseren Bundesrat erweist sich als Fehlschlag. 1965 lässt er sich in die Länderkammer entsenden, weil er meint, es sollten alle Landeshauptleute diesem Gremium helfen, an föderalistischer Bedeutung zu gewinnen. Drei Jahre später zieht er sich ernüchtert wieder zurück. Auch er hat dieses legislative Hungerblümchen nicht aufpäppeln können. Und für ein Nichts ist dem Mann seine Zeit zu schade.

Am »Denkmal Krainer« wird in den letzten Jahren vor dem plötzlichen »Aus« hauptsächlich von jenen gekratzt, die sich in der Jungen ÖVP als geistige Elite zusammengefunden haben. Walter Heinzinger, inzwischen ebenfalls verstorben, ist Landesobmann. Hermann Schützenhöfer steht ganz am Anfang, ebenso Herwig Hösele, Karl Maitz, Hans Hafner. Sie sollten später die engsten Mitarbeiter des Krainer-Sohnes werden.

24 Stunden vor dem Tod des Landesvaters ist wieder ein Treffen der Jungtürken anberaumt. Man tagt gern in der Fachschule Haidegg. Die Stimmung ist schlecht. Bruno Kreisky hat auf Bundesebene gerade erst seine erste absolute Mehrheit errungen. Und so beschäftigt die jungen Mitarbeiter die bange Frage, wie das steirische Kartenhaus weiter bestehen könne, sollte Krainer einmal nicht mehr sein. Er führt das Land immerhin schon 24 Jahre.

Zu aller Überraschung kommt Krainer selbst. Fritz Czoklich, der spätere Chefredakteur der »Kleinen Zeitung«, war dabei. Er schildert, mit welchem Kampfesgeist sich der Patriarch in die Redeschlacht wirft. »Wenn ihr euch abreagieren wollts, steh ich gerne zur Verfügung.« In der Politik könne man nicht zaubern, man müsse Geduld üben. Und daher hält er auch wenig vom reinen Theoretisieren. »Ich bin schon auch für lange Diskussionen, aber die enden oft mit recht mageren Ergebnissen.« Man möge sich lieber um jene kümmern, die sich nicht selbst helfen können. Um die Frauen, die Kinder, die Unselbständigen. Die Diskussion verläuft eher unergiebig. Die Jungen werfen dem Älteren vor, dass alles nur auf seine Person fokussiert sei, dass der Bauernbund die Vorherrschaft ausübe, dass zu wenig Junge Chancen auf den Wahllisten bekämen. Man kennt das. Es wiederholt sich in jeder Generation.

Bei Krainer geraten sie gerade an den Richtigen. Dass er seine Bauern allzu sehr protegiere, das ergrimmt ihn am meisten. »Wenn wir die ordnende Funktion der bäuerlichen Menschen nicht mehr haben, dann werden wir sehen, wo wir hinkommen«, donnert er in den Saal. »Das ist meine Lebenserfahrung seit 40 Jahren! Das kann ich euch sagen: Wenn es hart hergegangen ist, so waren das nicht die Leute von dort und da, sondern immer die bäuerlichen Menschen!« Und dann der seltsame Schlusssatz, der allen Anwesenden natürlich im Gedächtnis geblieben ist: »Merkts euch das und reden wir in 20 Jahren weiter – vielleicht leb ich nicht mehr, ich hoffe aber trotzdem, weil mein Vater auch lang gelebt hat.«

Am nächsten Vormittag wird die Tagung in Haidegg von Walter Heinzinger abgebrochen. Das Undenkbare ist geschehen. Viele der Jungen, die es tags zuvor dem Krainer einmal so richtig zeigen wollten, weinen. Andere stehen stumm beisammen. Sie fahren schließlich zutiefst verwirrt nach Graz zurück.

Am Tag des Leichenbegängnisses, es ist der 1. Dezember 1971, trägt die Landeshauptstadt tiefe Trauer. Frühmorgens schon bildet sich ein dichtes Spalier in der Herrengasse, um die Prominenz vorfahren zu sehen. Der Bundespräsident ist gekommen, fast die gesamte SPÖ-Alleinregierung, das Nationalratspräsidium, die Landeshauptleute, darunter der gute alte Freund Silvius Magnago aus Bozen. Nach einer Trauersitzung in der Landstube, in der Josef Krainer siebenmal zum Landeschef gewählt worden war, läuft im Burghof der »Staatsakt« ab. Und beim Requiem im Dom meistert Bischof Johann Weber die etwas eigentümliche Situation glänzend. Immerhin sitzen in den vordersten Bänken reihenweise Nichtkatholiken, bekennende Agnostiker: Bundespräsident Jonas, Bundeskanzler Kreisky, Justizminister Broda, Nationalratspräsident Benya und viele andere. Weber schließt seine Predigt, die der Auferstehung des Menschen Josef Krainer gilt, mit den Worten: »Wer nicht an die Auferstehung zu glauben vermag, möge doch zu beten versuchen. Und wer auch dahin nicht finden kann, möge auf die Frage an dieser Bahre hören: Was zählt wirklich?«

Nach dem feierlichen Kondukt durch die Straßen der Hauptstadt passiert dann Unprotokollarisches. Es scheint, als wolle sich der tote Josef Krainer beim allerletzten Stück Weges der ungebetenen Wiener Polit-Prominenz entziehen. Vor dem Landhaus steigen die Trauergäste in bereit stehende Limousinen und Autobusse, in rascher Fahrt geht's in Richtung Steinfeldfriedhof. Als die Kolonne die Murgasse passiert und über die Hauptbrücke in Richtung Bahnhof fährt, kommt es zur Panne. Sargwagen und die Autos mit den Familienangehörigen fahren wie vorgesehen in die Annengasse, doch der nächste Wagen, es ist jener des Bundespräsidenten, biegt nach rechts ab: Franz Jonas hat sich entschuldigt, er muss nach Wien zurück. Ihm schließen sich aber irrtümlich alle Regierungsfahrzeuge an, die Chauffeure werden sogar von einer »weißen Maus« zum Abbiegen eingewiesen.

Als der Irrtum offenkundig wird, steckt der Pulk mit den Prominenten bereits im totalen Stau abseits der gesperrten Route. Über Schlossbergkai, Keplerbrücke und Lendkai müssen sich die Minister, Präsidenten und Interessenvertreter erst wieder ihren richtigen Weg bahnen. Sie kommen am Friedhof an, da ruht Josef Krainer bereits im Familiengrab. Ein letzter »Knochen, an dem die Wiener zu beißen haben«, wie er früher oft gescherzt hat, wenn er das föderalistische Panier entrollt hatte und wie ein Donnergott über den Semmering nach Wien gestürmt war. Es hat schon alles seine Ordnung: Ein Begräbnis ist eine intime Angelegenheit. Und so haben die Gasselsdorfer Nachbarn ihren Mitbürger auf den letzten Metern zum Grab getragen. Ohne die »Auswärtigen«. Der Bauer Josef Krainer hätte über diesen letzten Streich wohl am lautesten gelacht.

Heute erhebt sich an jener Stelle, wo sich Josef Krainers Schicksal erfüllt hat, unweit von Allerheiligen bei Wildon, eine schlicht gemauerte Gedenkstätte mit einer Kreuzigungsgruppe. Die Tafel kündet dem Wanderer: »Er starb in der freien Weite des steirischen Landes, dem er entstammte und dem er, siebenmal zum Landeshauptmann gewählt, über 24 Jahre mit allen Kräften seines Herzens und Geistes diente. Als Landesvater bleibt er unvergessen.«

Mehr als nur »der Bua«

Josef Krainer d. J.

Es war der 6. Juli 1948. Da stand ein18-Jähriger ganz hinten im Zuschauerraum der steirischen Landstube zu Graz. Sein Name: Josef Krainer. Vorn, im Angesicht der Abgeordneten zum Landtag, wurde der Vater gleichen Vornamens zum Landeshauptmann der Steirer gewählt und angelobt.
Das wäre noch keine »Story«, eher eine Selbstverständlichkeit. 32 Jahre später aber steht ebendieser »Krainer Junior«, wie man ihn zeitlebens nennen wird, in ebendieser Landstube, die mit ihrem intimen barocken Charakter keinem Landesparlament Österreichs ähnelt. Es ist so weit. Der Sohn tritt das Erbe des Altbauern Krainer an – nachdem er schon vorher in der Ära des »Zwischenregenten« Friedrich Niederl – einer durchaus beachtlichen Persönlichkeit – der eigentlich Mächtige in der grün-weißen Landespolitik war.
An diesem 4. Juli 1980 sitzen wir hinter den Abgeordneten auf der improvisierten Pressebank, um ein Schauspiel zu verfolgen, das nicht nur uns, die aus Wien Angereisten, in seinen Bann schlägt. Zum ersten Mal in der Geschichte der Republik hat ein Mann das politische Erbe des Vaters in ein und derselben Funktion übernommen. Eine Sensation, die wahrlich Stoff für Schlagzeilen bietet. Die Zeitungen schreiben vom »Erbhof Steiermark«, sie bezeichnen Krainer jun. als »Thronfolger«. Und beides hat seine Berechtigung. 23 Jahre lang hat der »lärchene Stipfl«, Krainer senior, das Land regiert. 16 sollten es beim Sohn werden, den die Familie zärtlich »Pep« nennt, die politischen Freunde und Wegbegleiter aber »Joschi«.
Oben im Landtagspräsidium thront – Gottvater gleich – der legendäre Hanns Koren, engster Vertrauter des alten Krainer, ein Kulturpolitiker von Graden, eine Fleisch gewordene Brücke zwischen Einst und Jetzt, ein Volkskundler, der die Moderne fördert, ein Altösterreicher, der noch weiß, woher Österreich kommt, zugleich aber ahnt, wohin es geht. Koren trägt den feierlichen dunkelgrünen Bürgerrock aus Samt, als er zur »Krönung« schreitet. Einhellig haben zuvor die drei Fraktionen Josef Krainer zum Nachfolger Friedrich Niederls

gewählt. Der Vertrauensbeweis ist so groß wie die Bürde. Koren spricht aus, was in diesem Augenblicke wohl alle denken: »Es wird nicht zu vermeiden sein, dass alles, was du tust und planst und vorträgst, mit dem verglichen wird, was dein Vater getan, geplant und vorgetragen hat oder hätte. Das aber heißt nicht, dass du ihn nachzuahmen hättest, dass du nicht das Recht und die Pflicht hättest, deinen Weg zu gehen, wie dein Gewissen es dir befiehlt und deine Einsicht der Dinge es dich für richtig erscheinen lässt.«

Nie zuvor seit dem Ende der erblichen Monarchie ist ein Österreicher vom Elternhaus derart intensiv auf seine künftige Rolle als Politiker vorbereitet werden. Dabei wollte der am 26. August 1930 erstgeborene Sohn des damaligen Gewerkschaftsfunktionärs Josef Krainer eigentlich die akademische Laufbahn einschlagen. Alles, was sich der Vater einst in Fortbildungskursen und anhand mühsam erworbener Literatur aneignen musste, das wurde dem Filius zunächst am Oeversee-Gymnasium, dann an der Grazer Uni sowie an der University of Georgia in den USA überreichlich angeboten. Ein Jahr noch an der Johns Hopkins University in Bologna – so wie nach ihm Alois Mock –, dann erlag er dem Werben seines Lehrers Anton Tautscher in Graz. Vier Jahre – bis 1966 – diente er der Wissenschaft und eine Habilitation stand zumindest zur Debatte. In der Uni-Bibliothek kam es zur ersten Begegnung mit einem jungen Dissertanten, der später ein enger Wegbegleiter des Landeshauptmannes werden sollte: Bernd Schilcher.

1966 ist aber die Verlockung der Politik dann doch zu groß. Der Sohn des Landeshauptmannes erhält Angebote des Wirtschaftsbundes und des Bauernbundes, sein Organisationstalent einzubringen, das man seit seiner Zeit als Generalsekretär der Katholischen Aktion in der Steiermark kennt. Und schätzt. Kein langes Zaudern, kein langes Zagen, kein abwägendes Fragen – Krainer entscheidet sich für die Bauern. Die väterliche Abkunft ist da sicher das entscheidende Kriterium. Stellvertretender Bauernbunddirektor, Bauernbunddirektor – das

sind die ersten Sprossen auf der Karriereleiter, die Krainer locker nimmt. Inzwischen ist er mit Rosemarie verheiratet, die er in Amerika kennen gelernt hatte.
Der Hüne mit den markanten Gesichtszügen des Vaters ist ein politisches Talent. Er verkörpert den plötzlichen und eher unerwarteten intellektuellen Aufschwung, den der bis dato so biedere Bauernbund in jenen Jahren nimmt. Sixtus Lanner ist auf Bundesebene ein Garant für diesen weltoffenen Kurs, den die Bauernvertreter steuern, während ihr Berufsstand ein dramatisches Rückzugsgefecht liefert. Mit Marketing und Charme, mit Protestdemos und effizientem Management gelingt es den Bauernbündlern, dass sie nicht gänzlich unter die Räder der gesellschaftlichen Umwälzung geraten.
Und auch innerhalb der Volkspartei behaupten sie dadurch ihre Position als gleichberechtigte Teilorganisation im Gefüge der sehr komplizierten Parteistrukturen. Der mühsamen Kleinarbeit Lanners, Krainers, des Kammerpräsidenten Lehner und der Bauernbund-Präsidenten Wallner und Minkowitsch haben es die ÖVP-Chefs der 70er-Jahre zu danken, dass die Partei nicht ganz auseinander fiel, dass die Bauern der Partei erhalten blieben. Denn Bruno Kreisky hatte schnell die Schwachstelle dieser Integrationspartei erkannt und den Bauernbund mit brutalen Lockangeboten zu ködern versucht. Doch die subkutan versuchte Aufspaltung der ÖVP in Opposition misslang dem sonst so gewieften Taktiker Kreisky gründlich.
Aber auch dem alten Fuchs Krainer I. gelingt nicht alles so, wie er sich's in seinem massigen Bauernschädel zurechtgelegt hatte. 1969 will er den »Buam« in den Nationalrat entsenden, als das steirische Mandat des auch als Minister zurückgetretenen Unterrichtsministers Theodor Piffl-Perčević frei wird. Aber so einfach geht das nicht. Der Sohn hat 1966 bei den letzten Wahlen auf keiner Liste kandidiert, kann also nicht ins Hohe Haus geschickt werden. Der alte Krainer, beraten von seinen Landesjuristen, weiß sich zu helfen: Alle nach Piffl auf der Liste gereihten Kandidaten verzichten auf ein Nach-

rücken. Damit ist die Liste »erschöpft«, eine neue muss bei der Hauptwahlbehörde in Wien eingereicht werden – mit einem Listenführer Josef Krainer jun.
Das ist dem ÖVP-Innenminister Franz Soronics denn doch zu plump. Er droht den Wahlschein nicht zu unterschreiben, sollte Krainer dennoch Piffls Nachfolge antreten wollen. Daraufhin verzichtet der Junior schriftlich recht ungehalten auf die Berufung. Den Ausschlag hat letztlich erst die Bitte des VP-Bundeskanzlers Josef Klaus gegeben, ihm nicht noch weitere unnötige Scherereien zu bereiten. Dieses eine Jahr bis zur Wahl 1970 werde sich der Herr Sohn schon noch gedulden können ...
Die Verstimmung des Bundeskanzlers hat einen tieferen Grund. Als Piffl über Nacht sein Amt verließ, sah sich Josef Klaus in der Bredouille: Wer sollte Unterrichtsminister werden? Das Kräfteverhältnis in der Regierung war dermaßen nach Länder- und Bündegleichgewicht austariert, dass Klaus zunächst den Steirer Josef Krainer anrief. Der sagte nach einstündiger Bedenkzeit ab. Und nannte ihm den Steirer Hans Tuppy. Der wollte nicht, weil man ihm das Forschungsbudget nicht erhöhen konnte. Erst, als dann auch noch der »Presse«-Chefredakteur Otto Schulmeister dankend absagte, machte Klaus den jungen Kabinettchef Alois Mock zum neuen Minister.
Nach dieser ersten Niederlage gegen eine Wiener Zentralstelle geht es jahrelang nur noch steil bergan. Von da ab hält das Leben für den inzwischen zum fünffachen Familienvater gewordenen Krainer-Sohn nur Erfolge parat. 1970 geht er also wirklich als Abgeordneter nach Wien, auch wenn seine Partei durch die Wahl in die Oppositionsrolle abgerutscht ist. Krainer wirft sich wie der heraldische steirische Panther in die Redeschlachten gegen Kreiskys Minderheitskabinett. Und er macht seine Sache so gut, dass er im Juni 1971 Bundesparteiobmann werden könnte: Interimsobmann Hermann Withalm ist zurückgetreten.
»Königsmacher« ist der niederösterreichische Landeshaupt-

mann Andreas Maurer. Der hat für 1. Juni die Landesparteichefs zu sich in die Löwelstraße/Ecke Teinfaltstraße gebeten, wo die Niederösterreicher ihre Zentrale haben. Zur Auswahl stehen seit Tagen nur noch die Rivalen Karl Schleinzer (Generalsekretär) und Stephan Koren (Klubobmann). Beide haben nicht nur Freunde, beide sind zudem durch ihre Zugehörigkeit zum abgewählten Kabinett Klaus punziert. Ein neues Gesicht müsste her! Und zwar sofort. Denn am 4. Juni ist schon der Bundesparteitag.

Weil der Eingang zur Parteileitung – genau vis-a-vis der SPÖ-Bundeszentrale – seit Stunden von einer hungrigen Reportermeute umlagert ist, wird Josef Krainer von einem Funktionär in die Teinfaltstraße gefahren, wo er mittels »Räuberleiter« in ein Souterrainfenster einsteigen kann und zum Tagungsort gelangt. Krainer hat freilich nichts Erfreuliches zu bieten: Er lehnt ab. Als Sohn eines aktiven Politikers solle man sich zurückhalten. Und mit nur einem Jahr Parlamentserfahrung – nein, die Sache sei ihm eine Schuhnummer zu groß. Auch Generalsekretär wolle er nicht werden.

Die Großen der einst so mächtigen Volkspartei sind verärgert. Damit haben sie nicht gerechnet. Hinter der Bescheidenheit des Steirers steckt natürlich beinhartes Kalkül. Die Volkspartei ist ins schwarze Loch der Opposition gestürzt, muss sich erst zurechtrappeln, eine Linie finden, die vielen begehrlichen Parteigänger auf eine bessere Zukunft vertrösten. Irgendwann einmal. Niemand weiß, wie lange Bruno Kreisky durchhalten kann, aber womöglich ist das recht lang. Das ahnt Krainer und er bastelt daraus die Heldensaga, dass er sich »seinen« Steirern aufsparen wolle.

Wofür eigentlich? Als eventueller Agrarlandesrat, wenn der Vater einmal in Pension gegangen sein sollte? Wer weiß, wann das sein wird.

Am 29. November desselben Jahres ist es schon so weit. Das Herz des Vaters hat den Dienst versagt. Der Abgeordnete Krainer kennt das politische Testament des Alten, wonach Friedrich Niederl im Falle des Falles Nachfolger werden solle.

Er weiß freilich noch nicht, dass sich Niederl diese Bürde nur zutraut, wenn ihm der Krainer-Sohn als Regierungsmitglied und als geschäftsführender Landesparteichef zur Seite steht. Nur mit äußerster Mühe bringt Niederl diese persönliche Bedingung in der ÖVP durch. Denn nicht jeder Spitzenfunktionär war mit der harten Hand des alten Krainer restlos glücklich. Nur knirschend beugen sie sich Niederls Ultimatum: Entweder das Duo Niederl/Krainer oder sie könnten sich gleich einen anderen Landeshauptmann suchen.

Krainer bricht die Zelte in Wien schleunigst ab und in Graz beginnt die Ära eines höchst erfolgreichen Doppelpassspiels: Vorn steht der einstige Keuschlerbub Niederl, stets freundlich, permanent grüßend, sehr bemüht und als Verwaltungsjurist penibel korrekt – dahinter der Intellektuelle mit der Bodenhaftung, Josef Krainer. Landwirtschaft und Bauten gehören zu seinen Ressorts. Aber das steht nur auf der Amtstafel. In Wahrheit bestimmt Krainer als geschäftsführender Landesparteiobmann so gut wie alles. »Man unterschätzt Niederl immer wieder«, meint Josef Krainer heute: »Der war ein politisches Urtalent. Ein Gerechtigkeitsfanatiker, kein blasser Verwaltungsjurist. Er war ein sehr angesehener Mensch, der politisches Gespür hatte.«

Nicht nur die Wahlergebnisse des steirischen Doppeldeckers können sich sehen lassen: 1974 sind es 53,3 Prozent für die Partei des nominellen Listenführers Niederl. 1978 sind es 52 Prozent. Das ist jedes Mal mehr, als der alte Krainer je zu Stande gebracht hatte. Und es ist doppelt bemerkenswert, weil zur gleichen Zeit bei Bundeswahlen Bruno Kreisky seine Triumphe feiert – auch in der Steiermark.

Der Grund für die breite Zustimmung der Bevölkerung zum Kurs der Steirer-Schwarzen liegt in der bemerkenswerten Öffnung der Partei – von der Mitte aus nach beiden Seiten des Spektrums. Die Grazer Kulturszene sieht die Regierenden nicht als Feinde, sondern ganz im Gegenteil als Mäzene, als Förderer ihrer Anliegen. Auf der anderen Seite wird auch auf die Kriegsgeneration nicht vergessen, auf das nationalliberale

Lager, das besonders in der Landeshauptstadt stark verankert ist – und gute Stimmen bringt. Die Handschrift des nächsten Landeshauptmannes ist da schon spürbar.
Wie zwei Brüder agieren Krainer und der um zehn Jahre ältere Landeshauptmann. Und es wäre wohl noch einige Zeit so gegangen, hätte nicht Friedrich Niederl immer schlimmere Stimmungsschwankungen durchzumachen. Private Sorgen, Probleme mit Kreditgeschäften der beiden Söhne, denen in Schladming ein Hotelprojekt missriet: Niederl will schließlich nicht mehr.
Am 4. Juli 1980, im 50. Lebensjahr, steht Josef Krainer in der Landstube – umgeben von seiner großen Familie, um den Eid auf die steirische Verfassung abzulegen. »Krainer II«: Das würde er nun nicht mehr wegkriegen. Große Hoffnungen, hohe Erwartungen werden an den Namen geknüpft. Nicht alle sind erfüllt worden. Der Grund ist recht simpel: Auch der charismatischste Politiker kann gegen den Zwang der Verhältnisse wenig ausrichten. Er kann gegensteuern, so gut es eben geht. Doch wenn der Wind einmal direkt ins Gesicht bläst, muss man mühsam kreuzen, oftmals halsen; versuchen, auf Umwegen zum Ziel zu gelangen.
Josef Krainer muss die tief sitzende Krise der obersteirischen Erz- und Eisenindustrie verantworten, für die er zwar nichts kann, die er aber in den Augen der Betroffenen schlecht bewältigt. (Einwurf Krainers: »Ich glaube, wir haben das doch ganz gut hingekriegt!«) Auch die Regierenden in Wien haben kein Rezept gegen das langsame Absterben der Region, die Gewerkschaft stellt sich tot. Jede Woche fährt Krainer nach Wien. In Bruno Kreisky findet er zwar einen verständnisvollen Zuhörer, aber auch der hat keinerlei Rezept gegen die Existenzkrise. Aussichtslose Arbeitsplätze halten, halten, halten – so lautet sein Credo. Milliarden versickern in dem Industriefriedhof der Mur- und Mürz-Furche. Die Solidarität der steuerzahlenden Österreicher und auch ihre Geduld ist fast unglaublich, doch die Versäumnisse der Vergangenheit rächen sich bitter. Statt auf zukunftsträchtige Geschäftsfelder zu setzen, also etwa die

Zweirad-Industrie zu forcieren, wird zugesperrt, wo es gar nicht mehr anders geht. Heute könnte die Steiermark der größte Weltmarktproduzent am Mountainbike-Sektor sein. Könnte. Wenn man den Boom vorausgeahnt hätte.

Wenn Josef Krainer in seinem Arbeitszimmer aufblickt, leuchtet ihm Herbert Boeckls »Erzberg« in flammenden Farben entgegen. Einst der »Brotlaib« der Steirer, unversiegbarer Quell steten Reichtums, heute ein unrentabler Zuschussbetrieb, der nur deswegen nicht gänzlich geschlossen wird, weil man dann gleich auch die Landeshymne einstampfen müsste. Auch jüngere, unverbrauchte Männer in der Landesregierung hätten da wenig ausrichten können. Zwei Routiniers (Hans-Georg Fuchs und Simon Koiner) werden in der Regierung eingesetzt, doch erst gegen Ende der Ära kommen mit Gerhard Hirschmann und Waltraud Klasnic neue, junge Gesichter aufs Spielfeld.

Auf die Popularität des Landesherrn wirkt sich das alles nicht wirklich aus. 1981 verteidigt seine ÖVP die absolute Mehrheit Niederls (mit 50,9 Prozent), 1986 verbessert sie dieses Ergebnis noch um ein bisschen. Das kann freilich nicht darüber hinwegtäuschen, dass sich die grüne Mark in einer politischen und wirtschaftlichen, infrastrukturmäßigen und geografischen Randlage befindet, aus der so leicht nicht herauszufinden ist. Es ist ein verzweifeltes Ringen um den Bestand der Grundstoffindustrie, auf der Österreichs Wohlstand seit 1945 gegründet war. Die »Verstaatlichte« beschäftigt viel zu viele Menschen und produziert viel zu wenig, viel zu teuer. Das nagt am Selbstverständnis der Steirer, auch wenn der Landeshauptmann dem steirischen Patriotismus breiten Raum gibt. Die neuen Autobahnen von Nord nach Süd und von West nach Ost sollen hier Abhilfe schaffen, aber zufrieden können die Steirer damit noch lange nicht sein.

Von der Bundes-ÖVP ist in diesen Jahren wenig zu erhoffen. Sie hat in der Opposition nichts zu verschenken, außer unverbindlichen Ratschlägen aus dem Theorie-Lehrbuch. So muss sich Krainer mit der sozialistischen Alleinregierung arrangie-

ren – es ist die einzige Möglichkeit. Und die zuständigen Ministerien arbeiten gut, vertrauensvoll mit Krainer zusammen. So bitter jede einzelne Betriebsschließung auch ist – der soziale Friede bleibt letztlich doch gewahrt. Der Druckkochtopf ist nicht explodiert. Das ist eine nicht zu verachtende Leistung unter den gegebenen widrigen Umständen.
Inzwischen ist Bruno Kreisky – 1983 – von der politischen Bühne abgetreten, hat grollend die Scheinwerfer ausgeknipst und das Etablissement in Unordnung verlassen. Mit dem ehemaligen burgenländischen Parteisekretär Fred Sinowatz, der nun wider Willen als Regierungschef amtiert, versteht sich Krainer nicht mehr so gut. Mit dessen Tandemfahrer und Vizekanzler Norbert Steger auch nicht wirklich. Schon gar nicht aber mit dem freiheitlichen Verteidigungsminister Friedhelm Frischenschlager, der die Stirn hat, seinen militärischen Beratern zu folgen. Die müssen dafür Sorge tragen, dass Österreichs Luftraum auch nach Außerdienststellung der »Fliegenden Tonnen« von Saab geschützt bleibt. Eine Verpflichtung, die der Neutrale völkerrechtlich hat. Eine Selbstverständlichkeit, die beim alten Krainer noch offene Ohren fand. Der hatte seinerzeit fast mit Brachialgewalt diese Ö-105 für seine steirischen Flugplätze durchgesetzt.
Jetzt freilich – angesichts einer schwachen Zentralregierung – proben die Steirer den Aufstand. Durch eine Ungeschicklichkeit des jungen Verteidigungsministers muss Krainer aus den Zeitungen erfahren, dass man sämtliche 24 Saab-»Draken« in der Steiermark stationieren will. So dürftig die Gegenargumente aus der grünen Mark auch sind – es entwickelt sich eine Volksbewegung gegen den Wiener Beschluss, die Josef Krainer nicht stoppen kann. Und nicht stoppen will. Man fühlt sich düpiert, fühlt sich wieder einmal schlecht behandelt. An den Haaren herbeigezogene Argumente kramen Krainers junge Berater gegen die Düsenjäger hervor: Die seien zu laut, seien alte Mühlen, von den Schweden zu Recht schon längst ausgemustert. Und – so mäkeln sie – was geschehe zum Schutz der Bevölkerung, wenn einmal der erste Draken vom

Himmel stürzen werde? Das sei doch so sicher wie das Amen im Gebet.
Weder Fred Sinowatz noch die nachfolgende Koalitionsregierung aus Rot und Schwarz lassen sich davon beeindrucken. Die »Draken« – alt, aber anscheinend doch viel besser als ihr Ruf – werden bestellt. Mehr als 200.000 Steirer sprechen sich in einem Volksbegehren dagegen aus, im VP-Bundesparteivorstand fallen harte und laute Worte zwischen Minister Robert Lichal und Josef Krainer. Vor allem die unüberlegte Forderung des Steirers macht zielführende Arrangements nahezu unmöglich. Während eines TV-Interviews hat Krainer zum Entsetzen der Berater ins Mikrofon gesagt: »Kein einziger Draken kommt mir in die Steiermark!«
Das Ende vom Lied: Alle 24 Draken landen 1988 in Zeltweg. Zum Erstaunen der Beobachter sind sie viel leiser als vorausgesagt – aber das würden die Steirer nie zugeben. Auch die Tatsache, dass in diesen fast 14 Jahren nur ein einziger Jet verunglückt ist (beim Training in Schweden), wurde von den Anti-Draken-Kämpfern mit noblem Schweigen übergangen. So miserabel war diese schwedische Ingenieursleistung also nicht – auch wenn zugegeben sei, dass die Maschinen seit Mitte der 90er nur noch sehr sporadisch in den Himmel aufgestiegen sind: Man soll das Schicksal schließlich nicht unnötig herausfordern.
Viel ist seitdem darüber gerätselt worden, wie dem Taktiker Josef Krainer ein derartiges Desaster unterlaufen konnte. Die einleuchtendste Erklärung mag in gesundheitlichen Problemen zu suchen sein, die Krainer just am Höhepunkt der Draken-Aufregung plagten, als es zu dem unsinnigen Misstrauensantrag der steirischen VP-Abgeordneten gegen den eigenen Minister Lichal im Nationalrat kam. Paul Burgstaller, Candidus Cortolezis, Reinhold Lopatka, Bernd Schilcher – die »jungen Löwen« – seien damals quasi unbeaufsichtigt gewesen, während Krainer sich nach höllischen Schmerzen durch einen Bandscheibenvorfall dann doch operieren lassen musste. Mag sein. Krainer selbst stellt sich allerdings im Gespräch

mit seinem Biografen Ernst Trost vor seine junge Mannschaft: Kein Mensch habe ihn in diese aussichtslose Schlacht gehetzt; die habe er aus vollem Herzen unterstützt.
1991 begann der Abstieg. Und das ging schnell. Jörg Haider, mit dem Krainer auch heute noch eine tragfähige Freundschaft verbindet, war wie ein Komet auf dem innenpolitischen Firmament erschienen. Seine Erfolge bei jeder Landtagswahl seit 1986 waren enorm, manchmal vervierfachte er die Mandatsstände. In der Steiermark war es nicht anders. Die Volkspartei hingegen sackte von den satten 51,8 Prozent auf 44, 2 Prozent ab. Dass auch die Sozialdemokraten mit 34,9 Prozent ein Debakel erlebten, war wenig tröstlich. Zum ersten Mal seit Jahrzehnten musste sich ein Krainer Mehrheiten im Landtag suchen – ein völlig verändertes Rollenspiel. Erschwert wurde diese Kooperation durch eine neue freiheitliche Mannschaft, die auf Konfrontation setzte. Und auch der SPÖ-Partner wurde zunehmend bockig. Der LH-Stellvertreter hieß Peter Schachner, Sohn des einstigen Krainer-Stellvertreters Schachner-Blazizek. Zwei Söhne duellierten sich, wo die beiden Väter zusammengearbeitet hatten, so gut es eben ging. Im Falle der Söhne stimmte die Chemie eindeutig nicht. Und Krainer junior ließ das Schachner junior mehr als einmal spüren.
1993 entschloss sich der Landeshauptmann, doch neue Leute in die Arena zu bringen. Gerhard Hirschmann, der schlaue, asketische Querdenker; Waltraud Klasnic, die bodenständige mütterliche Nachwuchshoffnung. Als er auf die 65 zuging, hätte er am liebsten seinem Schüler Hirschmann das Ruder gänzlich übergeben, doch dann machte er doch noch weiter. Und fällte schließlich die fatale Fehlentscheidung: Als im Bund die große Koalition Vranitzky/Schüssel am Budget zerbrach und für 17. Dezember 1995 Neuwahlen feststanden, entschied Krainer, die steirischen Landtagswahlen auf diesen Termin vorzuziehen. »Ich wollte nicht ein weiteres Vorwahljahr«, sagt Krainer heute dazu. Auch die Meinungsforscher hätten ihn ermuntert. Sie sagten ein Halten der vier VP-Regierungssitze voraus, aber den Verlust des vierten SPÖ-Regie-

Josef Krainer jun., im Hintergrund seine Nachfolgerin Waltraud Klasnic

rungssessels zu Gunsten der Freiheitlichen. Und dieses stets geheim gehaltene Umfrageergebnis hätte Krainer gut gefallen. Es gab schließlich den Ausschlag für den Parforceritt.

Ein folgenschwerer Entschluss. Denn die Bundeswahl wurde von Vranitzky dominiert, die Landtagswahl war völlig von der beinharten Auseinandersetzung zwischen Vranitzky und seinem Vizekanzler Schüssel zugedeckt. Als der Bundeskanzler dann auch noch seinen berühmten Brief an sämtliche österreichischen Pensionisten auf den Weg schickte, wonach nur er eine weitere ungeschmälerte Auszahlung der Renten garantiere – da war das Rennen schon so gut wie gelaufen. Die Wähler honorierten der Volkspartei nicht ihr Beharren auf mehr Sparsamkeit, sie betrachteten Schüssel als Quälgeist, der mutwillig Neuwahlen vom Zaun gebrochen hatte. Und wer schon nicht SPÖ wählen wollte, dem stand ein ungemein attraktives Alternativprogramm zur Auswahl: Jörg Haiders FPÖ als die stärkste Oppositionskraft; die Grünen als eventueller künftiger Faktor; Heide Schmidts Liberales Forum als vage Hoffnung.

Viele Jäger sind des Hasen Tod. Die schwere Niederlage in der Steiermark war nicht mehr zu vermeiden. Und am Schluss des Wahlabends stand die Rücktrittsankündigung des Landeshauptmannes. Eine logische Sache. »Für mich«, betont Krainer jetzt im Nachhinein. »Für viele andere war das gar nicht so logisch.«

Auch die Nachfolgefrage war rasch geklärt. Noch am Abend der verheerenden Niederlage hatte Krainer seinem Ziehsohn Hirschmann anvertraut, er werde ihn tags darauf der Partei als Erben vorschlagen. Doch der nicht allzu beliebte, aber blitzschnelle Denker erkannte, dass er in dieser Situation nicht der geeignete Mann war. Er schlug statt seiner Waltraud Klasnic vor; Krainer war auch damit einverstanden – und so wurde die Wirtschaftslandesrätin die erste Frau, die ein Bundesland regieren sollte. Mit Erfolg, wie die Jahre danach zeigen sollten.

Aufstieg und Fall des Josef Krainer: Ein Lehrbeispiel geradezu, dass man doch auf den Ruf in die Bundespolitik hören sollte, wenn er so oft und so dringlich an einen gerichtet wird, der mit Talenten sonder Zahl gesegnet ist.

1991 hatte ihn sein Freund Erhard Busek aufgefordert, sich eine Kandidatur für die Bundespräsidentschaft zu überlegen. Krainer wollte in der Steiermark bleiben. Er hielt Thomas Klestil für die bessere Wahl. Im Nachhinein ist man leicht klüger. Aber so viel ist wohl unbestritten: Er wäre ein hervorragender Präsident geworden, hätte dem Land viel Ärger erspart. Jetzt würde sich seine zweite Amtsperiode langsam dem Ende zuneigen.

All das sind müßige Überlegungen. Aber ein bisschen spekulieren wird man ja noch dürfen. Oder?

Der unfreiwillige Haider-Macher

Leopold Wagner

6. Oktober 1987. Ein Dienstag. In der Klagenfurter Bahnhofstraße, im Gasthof »Volkskeller«, hat der 60-jährige Kärntner Landeshauptmann Leopold Wagner heute einmal einen angenehmen Termin. Seit dem Nachmittag sitzt er mit fast 60 Schulfreunden zusammen, um das 40-jährige Maturajubiläum an der Lehrerbildungsanstalt zu begießen. Gegen 20.40 Uhr verabschiedet er sich und geht noch in den Keller hinunter aufs WC. Ein Schulfreund, der gleichaltrige Lehrer und Maler Franz Rieser, folgt ihm unauffällig. Plötzlich zieht Rieser einen Revolver, Smith & Wesson, Kaliber 7,65, und feuert zwei Schüsse auf den Politiker ab. Wagner, von den Projektilen im Bauch getroffen, schafft es noch, ins Gastzimmer nach oben zu laufen: »Der Rieser hat mi ang'schossen.« Und bricht vor den entsetzten Freunden zusammen.

Da stürmt auch schon Franz Rieser mit gezogener Waffe nach oben, doch ein Kellner des Lokals gibt dem Attentäter eine Ohrfeige, gerade als der Amokläufer zum dritten Mal auf Wagner schießen will. Der Schuss geht in die Mauer, Rieser lässt sich überwältigen, wehrt sich nicht mehr. Ein anwesender Arzt aus Deutschland kümmert sich inzwischen um den schwer verletzten Wagner, bis der Notarztwagen eintrifft. Quälende 15 Minuten dauert das, während Wagner bei Bewusstsein ist. Er reagiert aber kaum noch. Zu groß ist der Blutverlust. Der Notarzt spritzt dem Verletzten ein starkes Morphiat gegen die höllischen Schmerzen, Infusionen folgen. Mit Polizei-Blaulicht rast der Krankenwagen zum Landesspital, wo in mehrstündiger Operation die beiden Kugeln entfernt werden. Sie haben den Darmtrakt zwar zerfetzt, die meisten inneren Organe aber nicht getroffen. »Kritisch, aber vielleicht doch außer Lebensgefahr«, vermeldet die Nachrichtenagentur in der Nacht auf den 7. Oktober. Zwei Bauchchirurgen, ein Lungenspezialist, ein Urologe – sie haben dem Spitzenpolitiker das Leben gerettet.

Kärnten, Österreich ist geschockt. Wie konnte das passieren? Wer ist der Attentäter? Noch am späten Abend, fast zeitgleich mit der ersten Blitz-Meldung der Austria Presse-Agen-

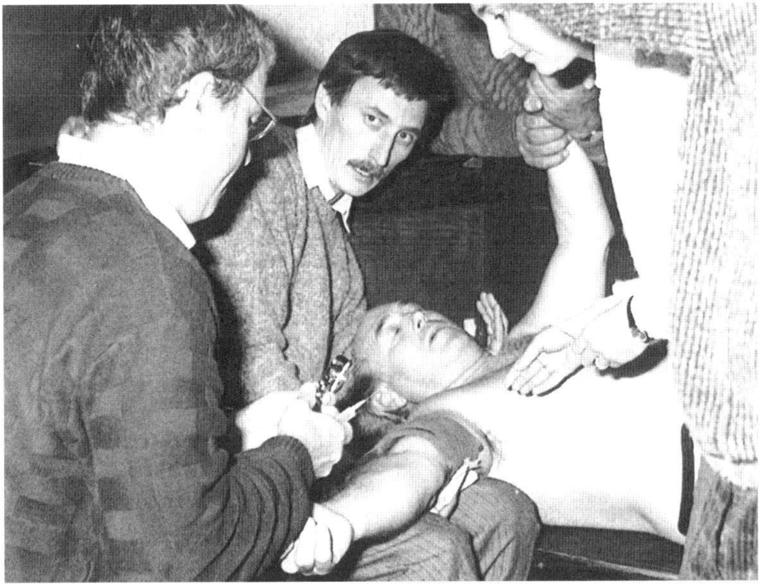

Leopold Wagner in Lebensgefahr

tur, kann die gebürtige Klagenfurterin Anneliese Rohrer in der »Presse« Auskunft geben: Der Mann ist ihr bekannt, war vor zwei Monaten sogar in der »Presse«-Redaktion, um hier gegen die Personalpolitik und Freunderlwirtschaft des Landeshauptmannes und einstigen Schulfreundes zu wettern. Er war Hauptschullehrer in Ferlach, unterrichtete dort Mathematik, Geometrisches Zeichnen und Turnen und wurde kurz vor dem Attentat in Pension geschickt. Nicht von Wagner direkt, aber vom Landesschulrat, dessen nomineller Chef Wagner war. Rieser, der sich Hoffnung auf einen Direktorsposten gemacht hatte, gab dem Studienfreund die Schuld. Seit ihm ein 47-jähriger Kollege als Direktor vor die Nase gesetzt worden war, lief er mit Leserbriefen gegen »Fehlentscheidungen« Wagners von Redaktion zu Redaktion. Bis er wegen Verstößen gegen die Dienstordnung ein Disziplinarverfahren bekam, die Schule aus Protest verließ und vom Dienst suspendiert wurde. Daraufhin beantragte er einen Waffenschein. Der als Sonderling längst bekannte Mann mit dem wirren weißen Bart erhält ihn anstandslos: Makelloser Leumund, keine Vorstrafen. Vier Tage vor dem fatalen Datum kaufte er den Revolver und absolvierte am Nachmittag vor der Tat auf dem Schießsportplatz in Ferlach Schießübungen.

Schon Tage davor hatte der verschroben wirkende Rieser dem Landeshauptmann Drohbriefe geschickt. Wagner nahm das nicht ernst und sah keine Veranlassung, deswegen nicht zur Maturafeier zu gehen. Eine fatale Fehleinschätzung.

Schon drei Tage später ist die Lebensgefahr gebannt, Leopold Wagner kann die Intensivstation verlassen und ein komplizierter Heilungsprozess beginnt. Die zwei Schüsse des Franz Rieser haben eine Politikerkarriere zerfetzt, die – nicht nur für Kärnten – bemerkenswert war. Auch wenn Wagner nach völliger Genesung nochmals ins Amt zurückkehrt – seine Ära ist vorbei. Was danach noch folgt, hat mit dem atemlosen Aufstieg des Arbeiterkindes Wagner nichts mehr zu tun. Und auch nichts mehr mit den Methoden, mit denen sich der Machtmensch Wagner im sehr spezifischen Kärntner Polit-Biotop behauptete. Riesers Schüsse waren – so hat er sich später verantwortet – gegen die Parteibuchwirtschaft und Verfilzung gerichtet. Damit hat er ins Schwarze getroffen. Und – völlig unbeabsichtigt – zu einer dramatischen Umwälzung der politischen Verhältnisse im südlichsten Bundesland Österreichs beigetragen.

Leopold Wagner. Geboren am 4. Dezember 1927 in Klagenfurt als Arbeiterkind. Volksschule, Hauptschule, Hitlerjugend, Arbeitsdienst, ein Jahr Soldat der deutschen Wehrmacht, Lehrerbildungsanstalt. Mit 22 Jahren Hauptschullehrer für Geografie, Geschichte, Deutsch. Eine recht unspektakuläre Lebenslinie. Bis dahin. So kann man sich täuschen.

Denn er ist ein »Arbeitersportler«. Ein sehr guter: Handball, Rudern, Speerwerfen sind seine Lieblingsdisziplinen; im 100-Meter-Lauf hält er mit 11,1 Sekunden den Kärntner Rekord.

1947 geht Leopold Wagner an einen neuen Start. Zur geliebten Aschenbahn kommt nun die parteipolitische Arena dazu. Tritt der SPÖ Kärnten bei – aus Familientradition und aus Überzeugung –, macht sich innerhalb der SP-Lehrerorganisation einen guten Namen und ist schon 1950 deren Landesorganisationsreferent.

Der junge Lehrer in Klagenfurt hilft mit, den ARBÖ aufzubauen, wird ehrenamtlicher Landessportsekretär der Landesregierung, gründet den KLC, der eine Zeit lang Österreichs führender Leichtathletikklub ist. Dass ihm dabei seine politischen Querverbindungen zu Hilfe kommen, kann nicht geleugnet werden. Als pädagogischer administrativer Referent des Landesschulinspektors für Pflichtschulen und als zuständiger Referent für die Lehrerfortbildung hat er schon mehr als einen Fuß in der Tür zur großen Politik.

Organisationstalent hat er, das merken die Genossen bald. Rednerbegabung ebenfalls. Und seine Treue zur Partei, die ihm seine schöne Karriere ermöglicht hat, ist unbestreitbar. Also wird der 38-Jährige im April 1965 zum Landesparteisekretär bestellt. Zunächst entsendet ihn die Partei in den Bundesrat nach Wien – ein »Aufbautraining«, mit dem schon so mancher Politiker die ersten Gehversuche unternommen hat. Wagner ist, wenn es um die Partei geht, ein gewissenhafter Arbeiter, der sich über kontinuierlich wachsende Mitgliederzahlen so freuen kann, wie er das früher bei sportlichen Erfolgen tat. Die Gefolgschaft der Kärntner SPÖ wächst in seiner Sekretärszeit von 36000 auf 43500 eingetragene Mitglieder. Eine nicht zu unterschätzende Machtbasis. Dazu kommt die Präsidentschaft in der noch weit größeren Partei-Vorfeldorganisation namens »Arbeiterbund für Sport- und Körperkultur«, schlichtweg ASKÖ genannt. Weit vor dem Turnerbund und der Sport-Union der größte Sportverband im südlichsten Bundesland.

So ist klar, wer Hans Sima (zunächst als Landesparteiobmann) nachfolgen soll, als dieser 1973 die Konsequenzen aus dem Desaster rund um die zweisprachigen Ortstafeln in einigen wenigen Gemeinden Kärntens ziehen muss. Sima hatte die Stimmung in der Bevölkerung völlig falsch eingeschätzt, den Bundesparteichef Bruno Kreisky in Sicherheit gewiegt: Man könne nun endlich ohne großes Risiko zweisprachige Ortstafeln anbringen, wo ein gewisser Prozentsatz an slowenischer Bevölkerung wohne. Sima will das ohne Minderheitenfeststellung machen, Kreisky lässt ihn gewähren – und ein Sturm der Empörung geht los. Nächtens reißen die Kärntner die umstrittenen Tafeln wieder aus, Sima wird öffentlich attackiert, Kreisky lässt ihn fallen. Noch glaubt Sima ans Überleben und stellt dem Landesparteitag die Vertrauensfrage. Er unterliegt dem »Kronprinzen« Wagner knapp.

Im April 1974 geht der zutiefst verbitterte Sima auch als Landeshauptmann und Wagner folgt ihm in dieser schwierigen explosiven Lage nach. Er versucht den Balanceakt zwischen den verunsicherten Vertretern der slowenischen Bevölkerungsgruppe und den einflussreichen Vertretern von Abwehrkämpferbund und Heimatdienst. Ein Spiel mit dem Feuer ist das. Wagner setzt aufs Abwarten: »Es wird nicht mehr bestritten, dass der Staatsvertrag erfüllt werden muss. Aber das kann erst geschehen, wenn eine Minderheitenfeststellung erfolgt ist.« Da die Slowenenvertreter strikt gegen diese »Nasenzählerei« sind, kann sich Wagner ausrechnen, dass das Thema Ortstafeln so bald nicht wieder virulent wird.

In dieser gespannten Atmosphäre sorgt er mit einem besonders freimütigen Bekenntnis für Aufregung. Er sei zwar kein Napola-Schüler gewesen, meint er in einem Zeitungsinterview, »aber immerhin hochgradiger Hitlerjunge«. Da dies kurz vor den Landtagswahlen 1975 passiert, glauben viele Beobachter an ein subtiles Signal gegenüber den besonders strammen Deutschnationalen, die sich wegen der Ortstafeln von der SPÖ entfernt hatten. Kanzler Kreisky hat alle Hände voll zu tun, um den Wirbel zu kalmieren: Niemandem dürfe man seine politische Einstellung vor 30 Jahren zum Vorwurf machen, sofern nichts Kriminelles damit verbunden sei. »Aber es fällt mir auch schwer, das als Merit zu bezeichnen.«

Aus dem noblen Zürs, wo er die erlittenen politischen Wunden auskuriert, lässt Hans Sima verlauten: »Es ist nicht zu fassen, wie weit es schon mit der Kärntner SPÖ gekommen ist ...« Und der FPÖ-Landesrat Mario Ferrari-Brunnenfeld seufzt: »Der Mann ist gefährlich.« Warum dies? »Weil es neben Wagner schwierig ist, sich zu profilieren ...« So ist das also.
Wagner gibt schließlich im SPÖ-Bundespräsidium eine Erklärung ab, mit der die Genossen halbwegs zufrieden sind: »Ich bin heute 47 Jahre alt und war – so wie alle – bei der Hitlerjugend. Das lässt sich nicht verschweigen. Und ich wüsste auch nicht, warum. Hausieren bin ich damit nicht gegangen.« Warum er sich dann dem Journalisten gegenüber als »hochgradig« bezeichnet hatte, in Wahrheit aber nur Fähnleinführer war, das fragten ihn die SPÖ-Granden nicht. Wagner bleibt ein gewichtiges Mitglied des Bundespräsidiums, weil er nicht nur erfolgreich ist, sondern Kreisky den Rücken im Süden frei hält. So baut er seinen Einfluss stetig aus, gilt zeitweise als wohl stärkster Landesparteichef der großen sozialistischen Parteiorganisation. Anton Benya und er: Nur die beiden dürfen ab und zu Bruno Kreisky ungestraft widersprechen. Und er ist taktisch nicht ungeschickt: Den mächtigen Gewerkschafter und potenziellen Konkurrenten Erwin Frühbauer lobt er nach Wien, wo sich dieser als Verkehrsminister mit Unliebsamem herumplacken muss.
In seinem eigenen Reich hart an den Karawanken agiert der einstige Top-Sportler mit harter Hand, wenn es ihm nötig erscheint. Weil der Villacher Abgeordnete Hannes Gradenegger gegen Wagners autoritären Stil aufbegehrt, bezeichnet ihn der Chef öffentlich als »seelisch krank«. Und da Wagner als einer der ganz wenigen Landeshauptleute auf sein Landtagsmandat verzichtet hat, kann er gerichtlich belangt werden. Die 20000 Schilling Geldstrafe tun ihm nicht weh, der Makel der Vorstrafe schon eher.
Anders als der Despot Hans Sima regiert Wagner mit Zuckerbrot und Peitsche. Ein Bonhomme in der Öffentlichkeit, ein

beinharter Machtmensch gegenüber jeglicher Opposition – hinter verschlossenen Polstertüren. Und obendrein einer, der die Medien zu füttern weiß. Mit unkonventionellen Aussagen zur Bundespolitik, mit unverblümter Kritik an der SPÖ in Wien, wenn's opportun ist.

Drei Landtagswahlen schlägt der Kärntner Parteisoldat souverän. Er verschleißt dabei eine ganze Generation von politischen Gegnern, die sich jeweils nach verlorener Wahl frustriert in die Pension abmelden.

Bis ihm unversehens ausgerechnet in der kleinsten Landtagsfraktion ein Herausforderer erwächst, den der ausgepichte Fuchs Leopold Wagner schon bei dessen ersten Gehversuchen richtig einschätzt: Jörg Haider könnte ihm den absoluten Machtanspruch aus den Händen winden, das wittert der Parteimann. Kein Vergleich mit der handzahmen Landes-ÖVP, die halbherzig Opposition treibt, aber viel lieber in trauter Einigkeit mitregiert. Haider fordert den so gütigen »Landesvater« direkt heraus. Er erkennt rasch, dass in der Minderheitenschulfrage viele Sozialisten ähnlich wie die FPÖ und der offensive Heimatdienst denken. Und er setzt eine Automatik in Gang, die für Wagner unangenehm, weil völlig ungewohnt ist. Erstmals fühlt sich der »Platzhirsch« getrieben, ohne angemessen zurückschlagen zu können. Und das alles von einer Mini-Fraktion, die aber zwei Atouts im Ärmel hat: Ein helles Köpfchen als Anführer und eine schweigende Mehrheit hinter sich.

Wagner greift zu einem in der Politik altbewährten Hausrezept: Er versetzt den unangenehmen Patron und Landesrat Haider vom spektakulären Fremdenverkehrsressort zum Straßenbau. Der lacht nur darüber. Wagner weiß, dass er das Gesicht verliert, dass ihm bei den ständigen Kontroversen mit dem Streithansel die Zeit davonrennt. Dazu kommt, dass Wagner in der Slowenenproblematik nicht weit von den Vorstellungen der Opposition entfernt ist. Keinen 10. Oktober lässt er vorübergehen, ohne die Festrede am Klagenfurter Heldenfriedhof Annabichl zu zelebrieren.

1983 ist Wagner immer noch so stark, dass er es sich leisten kann, als stellvertretender Bundesparteiobmann auszuscheiden. Nur der angeschlagene Theodor Kery tut's ihm gleich. Die anderen Stellvertreter fürchten um ihren Einfluss. Wagner muss das nicht tun. Er bleibt stark. Und mächtig. »Hier herrschte«, urteilt der Politologe und Sozialphilosoph Norbert Leser im Jahr 1994, »eine Parteibuchwirtschaft strengster Art, die ÖVP hatte sich mit einem sehr bescheidenen Proporzanteil zufrieden zu geben. Deklarierte Freiheitliche und Parteilose mussten schon um vieles besser sein als ihre mit Parteibuch ausgestatteten Konkurrenten, um Ähnliches zu erreichen. In der Regel waren sie chancenlos.«

Apropos Gericht. Die Verhandlung gegen den Attentäter Franz Rieser 1988 gerät zur Farce. Die Geschworenen in Klagenfurt entschieden zunächst nur auf fahrlässige Körperverletzung, glaubten somit der Verteidigungslinie Riesers, bei einem Handgemenge auf der Toilette des »Volkskellers« hätten sich die Schüsse gelöst. Der Richter setzt das Urteil wegen offensichtlichen Irrtums der Laienrichter aus, ein zweiter Prozess wird anberaumt, diesmal in Innsbruck. Und auch dort fällt kein Urteil wegen Mordversuchs: Die Geschwornen entscheiden sich für einen Kompromiss: Mit sieben zu einer Stimme urteilen sie, dass Franz Rieser den Landeshauptmann absichtlich schwer verletzt hat. Bei einem Strafrahmen bis zu fünf Jahren gibt es drei Jahre Haft für Rieser, der wird sofort enthaftet, weil das Urteil noch nicht rechtskräftig ist.

Das hat Leopold Wagner zweifellos verwundert – und verwundet. Nach dem Urteil überlegt er erstmals, ob er sich die Strapazen noch weiter antun soll. Er fühlt sich erschöpft. Sein Landesparteisekretär Peter Ambrozy wartet in diesen Wochen ruhig und gelassen auf seine Chance. Schon im Herbst 1984, als die SPÖ von sensationellen 54 Prozent auf 51,7 Prozent absackte, war von Wagners »sinkendem Stern« geredet worden, jetzt könnte ein junges Gesicht helfen, die »Absolute« zu halten. Viel mächtiger hingegen ist in dieser Übergangsphase der Eisenbahner Erwin Frühbauer, Chef des Kärntner ÖGB und Bezirksparteivorsitzender von Villach. Doch ihm haftet der Makel des Skandals um das Zellstoffwerk Magdalen an, den Frühbauer als einstiger Landesrat zu verantworten hatte, bevor man ihn in die Bundespolitik schickte.

Als sich Leopold Wagner am 19. September 1988 entschließt, das Amt abzugeben, nimmt er seinen einstigen Kronprinzen Frühbauer gleich mit in die Versenkung. Peter Ambrozy, dessen Beliebtheitswerte bei Umfragen äußerst karg sind, darf das Erbe antreten. Nicht lange, wie sich zeigen sollte. Im Juni 1989 wird Jörg Haider erster freiheitlicher Landeshauptmann Kärntens. Jener Mann, dessen Talent Leopold Wagner zwar frühzeitig erkannt hatte, aber nichts entgegensetzen konnte.

Er war ein »relativ erfreulicher« Politikertyp: So beurteilt ihn sein Parteifreund Norbert Leser, auch wenn sich dieser immer mehr von der regierenden SPÖ abwendet. »Er war in keiner Weise korrupt und auch sein Privatleben (verheiratet, drei Kinder, Anm.) gab nie zu Klagen Anlass. In seinen persönlichen Ansprüchen war er bescheiden und er ließ nicht jenen Personenkult aufkommen, den Theodor Kery genoss, und der ihn letztlich zu Fall brachte.«

Aber Wagner war, stellt Leser fest, »von den negativen Wirkungen der Macht nicht verschont geblieben: Er war selbstherrlich und setzte die Interessen seiner Partei, mit der er sich identifizierte, und die er durch sich optimal verkörpert sah, rücksichtslos durch. Seinen Chef und Vorgänger, Hans Sima, dessen engster Mitarbeiter er war, schickte er auf unschöne, ja brutale Art in die Wüste. Die beiden Altlandeshauptleute, die einander in ihrer Taktik und Machtausübung so ähnlich waren, sind trotzdem oder gerade deshalb seither bitter verfeindet; was sie trennt, sind nicht sachliche Gegensätze, sondern der Abgrund der Macht bzw. der Ohnmacht, der sich zwischen ihnen aufgetan hat.«

Vielleicht gibt es zu Lebzeiten der beiden noch eine Versöhnung.

Sehr weltlicher Fürsterzbischof

WILFRIED HASLAUER

Der 16. Dezember 1986 ist für den 60-jährigen Landeshauptmann Wilfried Haslauer ein ganz besonderer Tag. Was sich im Erzbischöflichen Palais am Salzburger Kapitelplatz vollzieht, kann man getrost als Krönung seines Lebenswerks bezeichnen. Die geladenen Gäste sind gespannt, ob Erzbischof Karl Berg in seinem Haus das Zeremoniell noch übertreffen werde können, für das Haslauer bei seinen Ordensverleihungen berühmt ist. Denn der klein gewachsene, drahtige Herr im Chiemseehof mit dem charakteristisch-akkuraten Mittelscheitel liebt feierliche Anlässe, bei denen er mit klugen, pointierten Laudationes im Mittelpunkt steht. Karl Berg überrascht den Landesherrn mit Harfenmusik und hält in Händen die Insignien des »Großen Ehrenzeichens des Verdienstordens der Heiligen Rupert und Virgil in Gold mit dem Stern« – die höchste Auszeichnung, die der Salzburger Erzbischof zu vergeben hat. Vor Haslauer hat sie noch niemand bekommen. Die »ecclesia Salisburgensis« wolle an diesem Tag ihr »gratias agamus« sagen, führt der Kirchenfürst aus und er zitiert – in Anspielung auf den 60. Geburtstag Haslauers – den großen Aristoteles, der für dieses Alter eine Vereinigung von angeborener Inteligantia mit der lang geübten Expertientia zur Sapientia voraussagt. »Quod Deus bene vertat« (möge Gott es zum Guten führen), wünscht Karl Berg. Und auch der Geehrte spricht bei seinem Dank nicht einfach von »der Kirche«, sondern von »unserer Kirche«. Kein Salzburger könne an den großen Werken der Kirche vorbeigehen.

Wilfried Haslauer ist kein Frömmler. Das nicht. Der Kettenraucher und Freund scharfer Getränke ist den diesseitigen Freuden des Lebens durchaus zugetan. Aber er bewegt sich seit Jahrzehnten in dieser sinnenfrohen barocken Stadt, die von den früheren Fürsterzbischöfen geprägt wurde und deren meisterliche Hand auch heute noch im Stadtbild spürbar ist. Und sowenig Haslauer mit seinem grazilen Körperbau (61 Kilogramm) den barocken kirchlichen Herrschern ähnelt, so sehr verströmt er in seinem Amtsverständnis dieses Landes-

fürstliche. Anders als alle anderen österreichischen Bundesländer hatte Salzburg einst geistliche Herren, die die Kultur der Landeshauptstadt formten. Und dieser einzigartigen Geschichte ist sich Wilfried Haslauer stets bewusst.
Er ist ja ein Kind dieser Stadt. Am 29. November 1926 als Sohn eines Oberinspektors der damals noch existierenden Salzkammergut-Lokalbahn geboren. Die Bahn existiert nicht mehr, auf einigen Teilen ihrer Trasse rasen heute die Autos dahin. Aber die Wolfgangsee-Schifffahrt, die gibt es schon noch. Und die gehörte zur Betriebsgesellschaft der Lokalbahn. Vater Haslauer machte auch dort öfters Dienst, gondelte von Sankt Wolfgang am schroffen Felsen des Falkensteins entlang, legte beim Gasthof Fürberg an, blickte hinüber in die Bucht des Brunnwinkls, wo die Bienen des Nobelpreisträgers Karl von Frisch summten, er kehrte in Sankt Gilgen um und so weiter und so fort. Seinen Sohn Wilfried ließ er am Humanistischen Gymnasium ausbilden, 1944 legte der die Kriegsmatura ab, um dann bis zum Zusammenbruch 1945 in der deutschen Wehrmacht Hilfsdienste zu leisten. Als alles endlich vorbei war, trat der Sohn in die Dienste des Salzburger Magistrats und inskribierte gleichzeitig in Innsbruck. Schon drei Jahre später promovierte er zum Doctor iuris. Über den Cartellverband hat er die ersten Fühler zur Volkspartei hinüber ausgestreckt.
Der junge Mann kennt kein langes Fackeln. 1951 wechselt der bisherige Mitarbeiter der Magistratsdirektion zur Kammer der gewerblichen Wirtschaft, wo er 1960 – mit 33 Jahren – zum jüngsten Kammeramtsdirektor Österreichs avanciert. Schon damals kleidet er sich extravagant. Er besitzt zwar nur wenige Anzüge, aber die sind Maßarbeit. Er hat weniger Schuhe als seine Kollegen, aber die sind Handarbeit. Und wenn der Luftikus durch die Salzburger Altstadt marschiert, klappert es laut und vernehmlich: Absatzeisen, wie sie in dieser Zeit auch schon Bruno Kreisky liebt. Haslauers Holzleisten steht in Wien. Beim Schuhmachermeister Nagy, der auch den damaligen Außenminister Kreisky beliefert.

In der verschlafenen Handelskammer erwirbt sich der Wirbelwind nicht nur Freunde. Der Mann will alles erledigt wissen, und wenn's leicht geht, sofort. Die Ungeduld ist ein Kennzeichen des Kammeramtsdirektors, der gern in kleinem Kreis mit pfiffigen Analysen, witzigen Pointen und geschliffenen Bosheiten brilliert. Seine unorthodoxen Arbeitszeiten bringen altgediente Kammerbeamte zur Verzweiflung. Ja, er ist durchaus hart gegen sich und die Seinen.

Ein solches Talent hätte der Wirtschaftsbund schon lang gern im Landtag gesehen. Schon 1961 nimmt Haslauer diese Hürde mit Elan. Er wird wirtschaftspolitischer Hauptsprecher seiner ÖVP in der Landstube. Eine Blitzkarriere hat er nicht wirklich geplant. Man hat ihn stets gebeten, die nächste Sprosse auf der Karriereleiter zu erklimmen. So sagt er auch nicht Nein, als man ihn 1967 zum Vizebürgermeister der Landeshauptstadt wählt. Reibereien mit den Rathausbeamten sind an der Tagesordnung, die Volkspartei erhofft sich mit ihrem Spitzenkandidaten Haslauer die sozialistische Mehrheit des populären Bürgermeisters Alfred Bäck brechen zu können. Im Wahlkampf 1979 klappert er höchstpersönlich 1500 Haushalte ab, rackert um den Sieg. Doch trotz eines ungestümen und von seinen Mitarbeitern mit viel Begeisterung geführten Wahlkampfes folgt die Ernüchterung. Haslauer ist viel zu wenig bekannt, die ÖVP verliert sogar noch Stimmen. An diese Schlappe hat sich Haslauer später nicht gern erinnert. Der Mann liebt keine Niederlagen. »Es war der interessanteste Wahlkampf, den ich je geführt habe, mit einer so glorreichen Niederlage verbunden«, scherzt er später einmal. Irgendwie spürt man durch: Selbst eine Niederlage darf bei Haslauer nicht mittelmäßig sein. Nein, sie muss glorios sein. Alles soll Stil haben. Daher hätte der Amtssitz des Bürgermeisters, das wundervolle Schloss Mirabell, ganz gut gepasst ...

Besser gelingt da schon der Neustart, diesmal in der Landesregierung. Als der Landesfinanzrat Michael Haslinger 1973 zurücktritt, hat er nur einen Namen für die Nachfolge im Talon: Haslauer. Landeshauptmann Hans Lechner, der schon

»seit Menschengedenken« regiert, ist das nur recht. Er braucht sowieso in absehbarer Zeit einen Kronprinzen. Sehr zum Ärger von Bundeskammerpräsident Rudolf Sallinger entscheidet sich Haslauer für den Verbleib in Salzburg. In Wien hätte er Generalsekretär der Kammer werden können. Verbessert hat es sich der neue Finanzreferent und Landeshauptmann-Stellvertreter wahrlich nicht: Sein Büro ist schmucklos im Vergleich zu der Pracht in der Handelskammer; sein Gehalt ist schmal im Vergleich zur kämmerlichen Gage. Aber sein Einfluss ist gewaltig, gemehrt noch, als er 1976 die Salzburger ÖVP als Obmann übernimmt. Auch in der Regierung legt Haslauer ein Tempo vor, das so manchen Beamten bange werden lässt. Das Finanzressort umfasst ja nicht nur das Budget, sondern ist – auf Bundesebene umgelegt – ein kleines Wirtschaftsministerium: Liegenschaftsverwaltung, Bundesgebäudeverwaltung, Verkehr und Außenhandel, Wirtschaftsförderung, aber auch Straßenbau.
Obwohl Wilfried Haslauer nicht gerade zu den »armen« Landesfinanzreferenten Österreichs zählt, die wirtschaftlichen Kennziffern durchaus zufrieden stellend sind, zittert die Volkspartei den Landtagswahlen 1979 entgegen. Dem Langzeit-Regenten Hans Lechner wird kein weiterer Wahlsieg mehr zugetraut, er will auch nicht mehr. So übernimmt Haslauer am 20. April 1977 das Ruder im Chiemseehof. Die Sozialisten höhnen über den »Gewichtsverlust«, der damit einherginge. Haslauer bestätigt das lachend: »Genau. Von 100 Kilo Lechner zu 61 Kilo Haslauer.«
Die politischen Auguren haben sich aber diesmal nicht getäuscht: Die Wahl 1979 bringt Verluste für die Volkspartei. Sie fällt auf 45,4 Prozent zurück, behauptet aber als stärkste Fraktion den Sessel des Landeschefs. Diese Scharte auszuwetzen ist Wilfried Haslauer von da an bemüht. Und es gelingt ihm auch: 1984 hüpft er mit seiner ÖVP-Liste knapp über die Marke von 50 Prozent der Stimmen – jetzt hält er wieder 19 von 36 Sitzen im Landtag. Dass ihm dabei die allgemeine »Großwetterlage« zugute kam, die schlechte Stimmung in

den ÖVP-regierten Ländern angesichts der rot-blauen Koalition in Wien, das mag erheblich dazu beigetragen haben.
Und das Klima zwischen Haslauer und der kleinen Koalition in Wien verschlechtert sich weiter dramatisch. Im Hochgefühl seines Wahlsieges lässt es der Salzburger Landesherr im Herbst 1984 darauf ankommen: Er verordnet – nach langem Hin und Her und auf Drängen der Handelskammer –, dass am bevorstehenden Marienfeiertag, am 8. Dezember also, die Geschäfte offen halten können. Es sei absurd, so argumentierte die Geschäftswelt, dass an diesem Tage ganze Heerscharen von Salzburgern ihre Weihnachtseinkäufe im benachbarten Reichenhall tätigen und so viele Millionen an Kaufkraft ins benachbarte Bayern abflössen. Haslauer, dieser sonst so treue Sohn seiner Kirche, riskiert den Konflikt. Aber nicht die Bischöfe sind's, die dem Landeshauptmann »Mores lehren«. Es ist die Regierung in Wien. Dort ist FPÖ-Obmann Norbert Steger Handelsminister. Nichts wäre dem liberalen Vizekanzler lieber als endlich einmal ein Exempel gegen die bewegungsunlustige Gewerkschaft, die von derlei Plänen absolut nichts wissen will. Doch die Macht Stegers ist begrenzt, wie das bei einem Juniorpartner in der Regierung eben so ist. In der dominierenden Regierungspartei SPÖ hat Sozialminister Alfred Dallinger das gewichtigste Wort. Er hat seine »Hausmacht«, den Vorsitz bei der Angestelltengewerkschaft, aus gutem Grund nie aufgegeben. Und er erteilt in seiner Funktion als Minister dem Salzburger Landeshauptmann die Weisung, seine Verordnung rückgängig zu machen. Der penible Jurist Haslauer weiß zwar um die »mittelbare Bundesverwaltung«, deren ausführendes Organ er ist – aber da spielt er nicht mit. Die Geschäfte bleiben am 8. Dezember 1984 wirklich offen, das Weihnachtsgeschäft läuft optimal – aber das alles ist kein Argument für Dallinger. Die Koalitionsregierung in Wien belangt den Salzburger Querkopf beim Verfassungsgerichtshof: »Ministeranklage« heißt das. Und es trifft Haslauer tief, obwohl er seit Wochen damit rechnen musste.
Der Landeshauptmann nimmt sich zur Verteidigung vor dem

Wilfried Haslauer auf dem Weg zum Verfassungsgerichtshof

Höchstgericht einen Anwalt, dessen Fähigkeiten er wahrscheinlich so gut wie kein anderer kennt: Seinen Sohn gleichen Vornamens. Der Filius arbeitet eine Verteidigungsstrategie aus, die dem Vater gefällt: Das Arbeitszeit-Ruhegesetz sei in mittelbarer Bundesverwaltung, also vom Landeshauptmann, zu vollziehen. Aber – so der Junior – das Gesetz normiere in seinem Paragrafen 13 ausdrücklich, dass die Kompetenz, Ausnahmen bei der Arbeitsruhe zu verordnen, beim Landeshauptmann liege. Der Gesetzgeber hat sich also etwas dabei gedacht, als er dem Landeschef diese Kompetenz zubilligte. Außerdem, so die beiden Haslauers, sei der Sozialminister allein gar nicht zuständig gewesen, das hätte nur im Zusammenspiel von Dallinger und Handelsminister Steger erfolgen dürfen. Und noch einen Pfeil haben die beiden im Köcher: Die Paragrafen 12 und 14 sagten eindeutig, dass ein Offenhalten von Geschäften dann möglich gemacht werden könne, »wenn dies einem Bedürfnis der Bevölkerung entspricht« oder »im öffentlichen Interesse liegt«.

Die Lage ist heikler, als Haslauer senior und junior öffentlich zugeben wollen: Die Verfassungsrichter sind durchaus berechtigt, den Landeshauptmann des Amtes zu entheben, sollten sie von seiner Schuld überzeugt sein. Dagegen freilich hat sich Haslauer ebenfalls gewappnet: Seine Hausjuristen hätten ihn hinlänglich davon überzeugt, dass eine einseitige Weisung des Sozialministers allein nicht genüge: Steger hätte mit unterschreiben müssen. Und so könnte er, meint Haslauer, notfalls immer noch auf »entschuldbaren Rechtsirrtum« plädieren, was ihm das Amt retten würde.

Nach fast einem Jahr müssen die beiden Haslauers wirklich – unter medialem Trommelwirbel – vor den Höchstrichtern am Wiener Judenplatz erscheinen. Die Verhandlung nimmt einen kuriosen Verlauf. Die Verfassungshüter nehmen die Argumente der Salzburger zwar ad notam, verurteilen den Herrn Landeshauptmann dennoch – und das Ganze hat keinerlei rechtliche, politische oder finanzielle Folgen. Beiden Streitparteien ist Recht getan worden – oder doch keiner? Noch Monate später sezieren juristische Feinspitze das Erkenntnis des Verfassungsgerichtshofs, der selten zuvor jemals so realpolitisch geurteilt hat wie in diesem Fall. Ein »Erkenntnis« war es. Das steht fest. Ob's eine »Erleuchtung« war, darüber streiten die Experten noch lang danach.

Wilfried Haslauer, der felsenfest von einem totalen Sieg überzeugt war, ist verbittert. Weniger über die Herren im Talar, die in der ehemaligen Böhmischen Hofkanzlei über ihn zu Gericht saßen, als über die rot-blaue Koalitionsregierung, die ihm diesen Tort angetan hat. Und er wird seitdem nichts unversucht lassen, um diese seltsame Regierung aus dem Amt zu bugsieren.

Lang muss er darauf nicht warten. 1986 wird der Kärntner Landesrat Jörg Haider zum neuen FPÖ-Bundesobmann gekrönt, Norbert Steger verschwindet in der Versenkung, die Koalition wird aufgelöst, es folgt eine Regierungszusammenarbeit zwischen SPÖ unter Franz Vranitzky und ÖVP unter Alois Mock. Das war nicht ganz das, was Haslauer anstrebte: Eigentlich hätte er am liebsten die Sozialisten aus der Regierung gedrängt und mit der FPÖ eine Zusammenarbeit bevorzugt. Etwa mit einem Vizekanzler Norbert Gugerbauer. Doch sein Antrag, eine solche bürgerliche kleine Koalition anzustreben, erhält im Bundesparteivorstand nur zwei Stimmen: Seine – und jene von Alois Mock.
Doch – wie viele seiner Landeshauptmann-Kollegen – unterschätzt auch er die politische Sprengkraft des neuen Oppositionsführers Haider. Um dem Kommunikationstalent aus dem Süden nicht alle Trümpfe kampflos zu überlassen, legen die Strategen der beiden Regierungsparteien 1989 die Landtagswahlen von Kärnten, Tirol und Salzburg auf einen Tag zusammen. Eine fatale Fehlkalkulation, wie sich am 12. März herausstellen sollte. Mit Mann und Ross und Wagen hat sie Jörg Haider geschlagen. In Kärnten wird die FPÖ zweitstärkste Gruppierung, in Salzburg büßt Haslauers ÖVP gleich 6,2 Prozentpunkte ein. Ein verheerendes Ergebnis, aus dem der Landeshauptmann sehr rasch die Konsequenz zieht. Mit hoch erhobenem Kopf, fast ein wenig arrogant – so geht er noch am Wahlabend ab. »Einen solchen Abschied hat er sich nicht verdient«, titelt Karlheinz Ritschel, Chefredakteur der im Lande äußerst einflussreichen »Salzburger Nachrichten«. Aber der alte Freund muss ohne jedes Mitleid auch konstatieren: »Wilfried Haslauer ist verbraucht. Diese Feststellung ist hart, aber Politik ist unbarmherzig.« Der Geschlagene zieht sich mit seiner Gattin Thesi in die Neubauwohnung hoch über der Salzburger Altstadt zurück. Barockes Mobiliar umgibt ihn dort, endlich kann er die Hausorgel wieder zum Klingen bringen und sich der Salzburger Landesgeschichte widmen. Und stellt sich taub gegenüber allen Freunden, die

dieses Kapital noch irgendwie anders einsetzen wollen. Der Freund aus Vorarlberg, Landeshauptmann Martin Purtscher, beredet ihn, nach Brüssel zu gehen – als Botschafter der Länder Vorarlberg, Tirol und Salzburg bei der EU. Haslauer freut sich zwar, im Gespräch zu bleiben, hat aber resigniert.

Es sollte kein langer sonniger Ruhestand werden. Am 23. Oktober 1992 erfährt die Öffentlichkeit erstmals, dass der Altlandeshauptmann schwer erkrankt ist. Er sollte vor Gericht als Zeuge erscheinen, doch er sei »für längere Zeit nicht vernehmungsfähig«, wie der Richter erklärt. Krebs. Am 23. Oktober ist das Spiel zu Ende. Noch einmal, ein letztes Mal, entfaltet das alte Salzburg rund um die Person Wilfried Haslauer den von ihm so geliebten barocken Prunk. Doch es ist nur noch die sterbliche Hülle. Nicht einmal 66 Jahre waren Wilfried Haslauer beschieden.

Er war immer schon sehr ungeduldig.

Eine Hauptstadt muss her

SIEGFRIED LUDWIG

Für den 15. Februar 1984 hat der amtierende niederösterreichische Landeshauptmann Siegfried Ludwig zur Pressekonferenz ins Landhaus in der Herrengasse eingeladen. Eine Routinesache, die nicht sonderlich aufregend zu werden verspricht. Für die hohen Beamten, die »Wirklichen« und die »Vortragenden Hofräte«, die bei diesem allmonatlichen Ritual dabei sein müssen, ist's eine angenehme Pflicht. Denn der Landesherr ist bekannt dafür, dass er seine Gäste für die getane Arbeit mit einem reichhaltigen Buffet entschädigt, mit Wein aus den allerbesten Rieden. So hat man sich für den Nachmittag kein Arbeitspensum mehr vorgenommen, denn solche Zusammenkünfte im Landhaus sind lang. Und sehr ermüdend.
An diesem 15. Februar stehen aber plötzlich nicht mehr Schweinsschnitzel und Erdäpfelsalat im Mittelpunkt. Denn der Gastgeber verblüfft die schreibende Zunft mit einer Idee, die schon seit Jahrzehnten durchs Land geistert, die aber noch nie einer in ein konkretes Projekt gepackt hat: Die Zeit sei reif für eine eigene Landeshauptstadt, teilt Ludwig mit. Eine Kommission habe 1973 dazu geraten, dieses Thema innerhalb von zehn Jahren zu lösen. Ludwig, mit seiner typischen schnarrenden Stimme: »Meine Damen und Herren, die Zeit ist jetzt gekommen.«
Er werde, so diktiert der Landeshauptmann den schlagartig munter gewordenen Reportern in den Notizblock, eine neue Kommission einsetzen, die zunächst einmal die Großräume Sankt Pölten / Krems und Baden / Mödling unter die Lupe nehmen soll. Ämter, Kammern, ORF-Landesstudio, Landesgericht, Postdirektion, »und so weiter« – alles an einem Standort konzentriert: Das ist eine Vision, die von der Öffentlichkeit erst einmal verdaut werden muss.
Tags darauf erntet Ludwig in den Wiener Medien Hohn und Spott. Von »Großmannssucht« ist da die Rede, von einem Denkmal, das sich der umstrittene Landesfürst da errichten lassen wolle. Und – so fragte etwa die »Presse« – was soll denn da billiger werden, wo doch ohnehin alle niederösterrei-

chischen Behörden in Wien zentralisiert seien? Offenbar vergesse der von allen guten Geistern Verlassene, dass Wien die natürliche Hauptstadt des flächenmäßig größten Bundeslandes sei. Alles in allem also: Eine Schnapsidee.

»Obskur«: So nennt das Ludwigs sozialistischer Stellvertreter in der Landesregierung, Leopold Grünzweig. Das Land habe wahrlich andere Probleme, wirtschaftliche nämlich. Doch Siegfried Ludwig lässt die Kritiker Dampf ablassen und verfolgt seine Vision zielstrebig und stur: Ein Erbteil seiner südmährischen Vorfahren. Am 13. September 1992 nimmt er in Sankt Pölten den Spatenstich für eines der größten und ehrgeizigsten Bauprojekte der Nachkriegszeit vor. Im Sommer 1997 übersiedelt die Landesregierung mit Sack und Pack an die Traisen. Ins modernste Verwaltungszentrum eines österreichischen Bundeslandes. Ludwig hat es geschafft.

Die Geschichte beginnt am 14. Februar 1926 in Wostitz bei Nikolsburg in Mähren, nahe an der niederösterreichischen Grenze. Der Bauernsohn Siegfried Ludwig wächst in diesem Grenzland heran und geht aufs Znaimer Gymnasium. Es ist eine miese Zeit. Denn nach der Reifeprüfung wartet der Arbeitsdienst auf den Jüngling, dann die deutsche Wehrmacht. Ludwig gerät in russische Kriegsgefangenschaft und darf erst im September 1946 die Heimat wieder sehen. Mit seiner Familie siedelt sich der aller Wurzeln Beraubte in Altlichtenwarth an und beginnt bei der Österreichischen Mineralölverwaltung seine Berufslaufbahn. Aber er will mehr erreichen und studiert nebenbei in Wien Jus. 1953 wird er promoviert und absolviert sein Gerichtsjahr.

Der niederösterreichische Landesdienst benötigt solch zielstrebige junge Leute. Als Verwaltungsjuristen schickt man ihn nach Horn, wo ihn die kleine Betriebsgruppe des Arbeiter- und Angestelltenbundes der ÖVP zu Obmann wählt. Ludwig tut sich erstmals in der Politik um, zunächst in der Horner VP-Bezirksorganisation. 1957 gelingt dem ehrgeizigen Juristen der Sprung ins Zentrum der Macht: Ins Landhaus zu Wien als Polizeireferent.

Ein Jahr später hat Ludwig seinen politischen Einflussbereich schon wieder um ein Stück weiter ausgebaut. Die Kollegen vom ÖAAB wählen ihn zum Obmann in ihrem Amt der niederösterreichischen Landesregierung, immerhin ist das die größte ÖAAB-Betriebsgruppe Niederösterreichs. Ludwig wird Leiter des Arbeitsinspektorates, gleichzeitig macht er erstmals Bekanntschaft mit gemeinnützigen Wohnbaugenossenschaften. Sie werden ihm später noch viel Kopfzerbrechen und graue Haare verursachen. Zunächst freilich geht alles glatt: Obmann der gemeinnützigen Bau-, Wohn- und Siedlungsgenossenschaft »Alpenland«, Kandidatur auf der ÖVP-Liste für den Landtag, Angelobung als Abgeordneter 1964, Übersiedlung samt Familie nach Perchtoldsdorf. Dort steigt er bald zum Mitglied des Gemeinderates auf, dazu kommt die Arbeit als geschäftsführender Hauptbezirksparteiobmann von Mödling. Aber viel wichtiger für die weitere Karriere ist die Wahl zum Chef der Zentralpersonalvertretung der niederösterreichischen Landesbediensteten im Februar 1965. Seine Funktionen, Ämter und Pöstchen sind bald schwer überschaubar: Ludwig sitzt im Landesparteivorstand des niederösterreichischen ÖAAB, im Landes- und im Bundesvorstand der Beamtengewerkschaft.

Nach einem veritablen Finanzskandal um den mächtigen Landeshauptmann-Stellvertreter Viktor Müllner vom ÖAAB bringt die Nachwuchshoffnung Ludwig wieder Ruhe in die Landesregierung. Im Jänner 1968 wird er Finanzreferent, knappe zwei Jahre später schon Landeshauptmann-Stellvertreter mit einem sagenhaften Einflussbereich: Finanzwesen, Wohnbauförderung, überörtliche Raumplanung, Verkehrswesen. An Gewicht und Allgegenwart gleicht er der »grauen Eminenz« von Wien, Felix Slavik. In Wien geht ohne den überhaupt nichts. Und so ähnlich laufen die Dinge im Land rund um Wien. Der Bauernbündler und Landeshauptmann Andreas Maurer ist froh, dass ihm dieses Arbeitstier alle sperrigen Causen aus der Hand genommen hat, die viel Sachkenntnis und Zahlengedächtnis erfordern. Als ob Ludwig nicht schon genug an Belastung hätte, halst er sich auch noch das Amt des Perchtoldsdorfer Bürgermeisters auf. Das ist 1975. Als geschäftsführender Landesparteiobmann zählt er nun auch in der Hierarchie der Bundes-ÖVP zu den »Schwergewichten«.

Und so kommt es, dass der elegante Personalvertreter, der gern im dunkelblauen Dreiteiler unters Volk tritt, 1980 die Nachfolge des leutseligen, manchmal auch etwas zu vertrauensseligen Basstubabläsers Andreas Maurer antritt. Im Land und in der ÖVP. Das ist für Freund wie Feind so gut wie eines. SPÖ-Landesparteiobmann Hans Czettel sieht schon eine Machtübernahme des Landes durch den ÖAAB, beschwört finsterste Zeiten eines Viktor Müllner und später eines Georg Prader herauf. So schlimm ist es dann doch nicht. Aber Ludwig weiß, wo er innerhalb der Volkspartei steht: bei den Konservativen.

Beiträge zur Ideologiediskussion darf man von ihm nicht erwarten. Er ist ein »Macher«, der aber durchaus gern unters Volk geht, ein »Reaktionär« (so sagen Erhard Buseks »bunte Vögel« in Wien hinter vorgehaltener Hand). Aber ein sehr erfolgreicher. Er hat den Landesdienst unter ständiger Kontrolle, Personalvertretungswahlen in Niederösterreich erbringen schon annähernd volksdemokratische Ergebnisse – für den ÖAAB natürlich. »Ist doch schön, wenn sich Beamte zu ihrer politischen Gesinnung bekennen können«, meint er blauäugig. »Schwarzer Ceauşescu«, schimpft ihn deswegen die damals noch existierende »Arbeiter-Zeitung«. Ludwig ficht das nicht sonderlich an. Sein Arbeitstag hat 17 Stunden und das siebenmal pro Woche.

1982 ziehen allerdings dunkle Gewitterwolken über der niederösterreichischen Parteizentrale in Wien auf, die sich damals noch am besten Platz von Wien befindet: In der Löwelstraße, hinter dem Burgtheater. Ein Korruptionsfall in der ÖVP-nahen gemeinnützigen Siedlungsgenossenschaft »Wohnbau-Ost« (WBO) kommt der Opposition im Lande wie gerufen. Vor allem der Landesobmann der FPÖ, Harald Ofner, ist

daran höchlichst interessiert. Der Abgeordnete und Rechtsanwalt belastet auch den Landeshauptmann persönlich – dieser schlägt mit einer Privatklage zurück, doch Ofner ist immun. Aus dem politischen Skandal wächst gleichzeitig eine persönliche Feindschaft zwischen den beiden Politikern, die Ofner nicht ruhen lässt. Als er 1983 freiheitlicher Justizminister im Koalitionskabinett Sinowatz/Steger wird, leitet er Ermittlungen gegen Ludwig ein. Und just vor den Landtagswahlen vom 16. Oktober 1983 treten diese gerichtlichen Ermittlungen mit der Einleitung der Voruntersuchung in ihre heiße Phase. Die Volkspartei tobt, spricht von »Mafiamethoden« und jammert über die Politisierung der Justiz. Ofner kann sich einen Sieg bei den bevorstehenden Wahlen ausrechnen.
Das Gegenteil passiert. Die Mehrheit der Landesbürger ist empört über dieses üble Spiel, die sonst so phlegmatischen VP-Parteigänger raffen sich auf, kurz: Die Volkspartei des Siegfried Ludwig gewinnt gleich fünf Prozentpunkte. Mehr als 55 Prozent: Das hat nicht einmal Leopold Figl einst geschafft. Die SPÖ, die den WBO-Skandal auch weidlich ausgeschlachtet hat, verliert vier Prozentpunkte. Und Ofners FPÖ wird mit 1,7 Prozent der Wählerstimmen bis zur Bedeutungslosigkeit dezimiert. Ludwig hat gesiegt. Aber er traut Ofner dennoch nicht über den Weg. Deswegen klammert er sich auch weiter an sein Landtagsmandat, das ihn vor weiteren Nachstellungen der Justiz unangreifbar macht – trotz massiver Kritik aus der eigenen Bundespartei. Ofners Justiz stellt sogar den Antrag, den Landeshauptmann auszuliefern, doch daraus wird nichts. Erst später ist bekannt geworden, dass in dieser heißen Phase schon Nachfolgeüberlegungen kursierten, dass schon damals der Bauernbündler und Landeshauptmann-Stellvertreter Erwin Pröll an erster Stelle genannt worden war, aber auch AAB-Landesobmann Robert Lichal oder Landtagspräsident Ferdinand Reiter für den Fall der Fälle in Stellung gebracht wurden.
Ludwigs engster Mitarbeiter, der Landesparteisekretär Walter Zimper, muss als Bauernopfer ausbaden, womit sich Ludwig

Siegfried Ludwig, hinter ihm sein Nachfolger Erwin Pröll

nicht anpatzen will. Er wird im April 1983 wegen der Abzweigung von WBO-Geldern zur Parteifinanzierung zunächst zu einer dreijährigen Haftstrafe verdonnert, in zweiter Instanz aber 1985 vom Wiener Landesgericht freigesprochen. Dies wird in der Öffentlichkeit auch als Rehabilitierung Ludwigs gewertet. Erst im Februar 1987 bestätigt der Oberste Gerichtshof Zimpers Freispruch. Ein seltener Fall von Selbstopferung eines Politikers, um dem »Chef« den Rücken frei zu halten.

Doch Ludwig ist längst zu anderen Ufern aufgebrochen. Mit seiner fixen Idee von einer eigenen Landeshauptstadt setzt er einen neuen Akzent in die politische Diskussion – da kann die Opposition noch so laut über das »Ablenkungsmanöver« zetern. Zum hellen Entsetzen seiner Beamten, die alle gern in Wien im Schatten der Bundesministerien und des Stephansdo-

mes bleiben möchten, zur blanken Empörung der Personalvertreter geht Ludwig beharrlich auf die Suche nach »seiner« Metropole. Um den Widerstand im Landhaus zu brechen, geht er populistisch vor. »Ein Land ohne Hauptstadt ist wie ein Gulasch ohne Saft«, lässt er affichieren. Und am 1. und 2. März 1986 fragt er die Bürger, ob sie eine eigene Hauptstadt wollen. Und wenn ja, für welchen Standort sie votieren würden. Das Volksabstimmungsergebnis ist nicht gerade berauschend: 56 Prozent wollen eine solche künstliche Hauptstadt. Und zwar soll es Sankt Pölten werden. Beworben hatten sich noch Baden, Krems, Tulln und Wiener Neustadt. Ludwig ist in seinem Element. Die Planungsarbeit kann beginnen. An der Traisen soll ein Verwaltungszentrum entstehen, das sich nicht nur architektonisch sehen lassen kann, das auch kommunikationstechnisch alle Stückeln spielen soll.
Noch sind die Bedenken gegen Ludwigs brachiale Vorwärtsstrategie längst nicht zur Gänze ausgeräumt. Nicht nur die zurückbleibenden Wiener verstehen dieses Bedürfnis nach einer eigenen Hauptstadt überhaupt nicht. Auch das deutsche Feuilleton nimmt sich des Themas in ätzender Art und Weise an. In der »Weltwoche« findet sich ein bezeichnendes Beispiel für gepflegte Häme: »Das zaristische Russland baute sich eine neue Hauptstadt St. Petersburg. Das Adenauer'sche Deutschland machte Bonn zur Kapitale. Der brasilianische Riesenstaat unter Juscelino Kubitschek erfand Brasilia. Und nun ist Niederösterreich mit seinem Landeshauptmann Ludwig an der Reihe. Das so genannte ›Land um Wien‹ – zwar Österreichs größte Provinz, aber doch nur 19163 Quadratkilometer klein und mit 1450000 Bewohnern ein rechter Winzling – braucht angeblich gar dringend eine Hauptstadt.« Und so weiter. Ja, und die »Süddeutsche Zeitung« mokiert sich besonders über die liebenswerte Schrulle der St. Pöltener, die sich nicht mehr mit einem schlichten »N« auf der Nummerntafel zufrieden geben, sondern ein »P« als Landeshauptstadt fordern. Ist ohnedies alles Schimäre, tröstet die »SZ« ihre Leser. Vor 2001 wird die Sache ohnedies nie bezugsreif sein.

Ludwig kümmert sich nicht drum. Die Zeitungen hat er sowieso nie ganz ernst genommen. Er hat sie benützt, hat sie instrumentalisiert, gelegentlich auch hofiert. Aber nur, wenn er sie brauchte. Den Spatenstich, die Krönung seines Politiker-Lebens, nimmt er noch als aktiver Landeshauptmann vor. Er hat immerhin das »Jahrhundertbauwerk«, den Marchfeldkanal, durchsetzen können, die Donau-Universität Krems auf die Gleise stellen und das Donaufestival gründen können. Eine beeindruckende Arbeitsleistung. Dann räumt der 66-Jährige seinen Sessel im Wiener Landhaus, das nun bald als Regierungssitz ausgedient haben wird. Siegfried Ludwig hat mit seiner eigenwilligen Idee und der konsequenten Umsetzung des Projekts dem Land zweifellos eine eigene Identität gegeben. Sein Nachfolger hat darauf geachtet, dass beim Bau dieses Milliardenprojekts keinerlei schmieriger Skandal entstand – das ist schon viel in Österreich.

Hausmei(st)er der Millionenstadt

HELMUT ZILK

Sonntag, 5. Dezember 1993. In Wien ist seit Tagen eine geheimnisvolle Attentatsserie Stadtgespräch: Offensichtlich Irre versenden in unauffälligen Kuverts technisch höchst raffinierte Briefbomben. Viermal haben die geheimnisvollen Unbekannten schon zugeschlagen, es gab Hand- und Augenverletzungen bei den Empfängern, die alle einem gemeinsamen Spektrum zuzuordnen sind: Flüchtlingshelfer, Fürsprecher für Ausländer. Doch das ist alles noch sehr diffus, die Polizei hat noch keinerlei Anhaltspunkt. Als Absender fungiert jedes Mal eine »Bajuwarische Befreiungsarmee BBA«.

Wiens Bürgermeister Helmut Zilk, 67, und seine Ehefrau Dagmar waren in Zürich und fliegen jetzt heim. Die Tochter des schwer reichen Schweizer Industriellen Karl Schweri, Denise Gaydoul-Schweri, hatte ihren 50. Geburtstag gefeiert, die Zilks waren als enge Freunde der Familie natürlich dabei. Man hat auf dem Heimflug an Bord getrunken – was eben in der kurzen Reisezeit in der Business Class serviert wurde. Um 18.05 Uhr landet die AUA-Maschine in Schwechat. Zilks Chauffeur wartet schon mit dem Wagen und bringt das Paar in die gemeinsame Wohnung, Wien 1, Naglergasse 2, Ecke Kohlmarkt/Graben. Die Dienstpost aus dem Rathaus hat der dienstbare Geist gleich mitgebracht. Seltsam: Während der Heimfahrt redet Zilk noch auf seine Gattin ein, dass sie ja keine verdächtig aussehenden Kuverts öffnen soll, denn diese ganze Attentatsserie da in Wien sei recht dubios.

»Dagi« geht ins Schlafzimmer und macht sich für die Nacht zurecht. Sie wählt ein blassblaues Nachthemd, während der Bürgermeister sich's vor dem Fernseher bequem macht und Briefe öffnet. Es ist 20.30 Uhr. In der rechten Hand hält er ein mittelgroßes Kuvert, abgeschickt von einem »Ing. Norbert Urban, Barawitzkagasse 11, 1190 Wien«, mit der Linken reißt er es auf. Da: Ein ohrenbetäubender Knall, dann ist es ganz ruhig. Ehefrau Dagmar hört ihren Mann stöhnen. »O Gott. O Gott.« Dagmar Koller rennt herbei – und wird fast ohnmächtig. Helmut Zilk fuchtelt mit der linken Hand, aber da ist nur ein blutiger Fleischklumpen. Das Blut spritzt pul-

sierend auf den Teppich. »Da bin ich instinktiv ins Badezimmer gerannt«, erinnert sich Zilk später an die Schreckensszene, »natürlich blöd im Nachhinein, aber ich wollt net, dass unsere schön renovierte Wohnung total versaut wird.«
Dagmar ist zunächst handlungsunfähig. Starr vor Schreck. »Hol eine Schnur, bind mir den Arm ab! Sonst ist's vorbei«, schreit Zilk. Endlose Sekunden, bis die völlig aufgelöste Frau was Passendes gefunden hat. In einem Künstlerhaushalt findet man so was nicht gleich. Sie kommt mit einem Knäuel Schnur, lauter Schlaufen stehen heraus. »Such a Scher!« Endlich findet sie ein derartiges Gerät. »Bind fest ab. Fester!« Dagi hat Angst, ihm weh zu tun. Zilk verliert die Nerven und schreit sie an: »Dumme Gurken!« Dann ruft »die Koller« den nächstbesten befreundeten Arzt an, es ist Walter Stackl. In Panik legt sie den Hörer hin, der Arzt hört mit, was sich da abspielt. Stackl alarmiert per Handy Rettung und Polizei. Als der erste Notarzt eintrifft, nimmt der die schwer geschockte Ehefrau gleich mit ins AKH.
Und während in der Naglergasse und am Graben immer mehr Funkstreifen anlangen, liegt Zilk im Allgemeinen Krankenhaus schon auf dem Operationstisch. Die Wucht der Explosion hat Zilk mehrere Finger weggefetzt, zwei Liter Blut hat er verloren. Es beginnt ein Kampf um das Leben des Politikers, der erst in den Morgenstunden gewonnen ist. Zunächst erwägen die Ärzte um den Unfallchirurgen Vilmos Vecsei überhaupt eine Amputation der linken Hand, doch sie versuchen es zunächst ohne diese Brachialmethode. Und der Intensivmediziner Michael Zimpfer bestärkt ihn darin.
Vor dem OP-Saal, auf dem endlos lang scheinenden neonbeleuchteten Gang, harrt die junge ORF-Reporterin Katharina Aziz vom Landesstudio Wien die ganze Zeit aus. Das ist ihre Gelegenheit. In Sondersendungen meldet sie während dieser langen Nacht, was sich hier abspielt. Und halb Österreich ist »live« dabei. Zilk-Sohn Thomas ist da und kümmert sich um die noch immer unter Schock stehende Dagmar Koller; der Wiener Polizeipräsident eilt herbei, der Generaldirektor für

die öffentliche Sicherheit, Vizebürgermeister Hans Mayr kommt, der von einer »unfassbaren Tat« spricht; der SPÖ-Landesparteivorsitzende Michael Häupl gibt seine Erklärung für die Medienvertreter ab, auch der Bundespräsident – ein persönlicher enger Freund des Terroropfers – erscheint. Obwohl ja nichts zu tun ist. Der Patient wird operiert, die Ärzte haben sowieso keine Zeit für die Prominenten. »Normalbürger« haben zu diesem Zeitpunkt ohnehin keine Chance mehr, ins AKH vorzudringen. Staatspolizei, Beamte der Alarmabteilung »Wega« und die Anti-Terror-Spezialisten der Sondereinheit »Cobra« fangen jedermann schon weit vor dem eigentlich kritischen Bereich ab. Ausweiskontrollen selbst bei Ärzten sind obligatorisch. Man will kein weiteres Risiko eingehen.

Vier Stunden dauert die Notoperation. Einmal setzt der Kreislauf aus, denn der Mann ist immerhin 67. Und er ist nicht nüchtern. Doch davon erfährt die Öffentlichkeit erst am nächsten Morgen. Der Ringfinger und der kleine Finger können gerettet werden, der Rest ist ein Klumpen, den Zilk seitdem zeitlebens mit einer Art Handschuh verbirgt. Besonders Vertrauten hat er manchmal diese Verletzung ohne Hülle gezeigt. Ein zweites Mal wollte das bisher niemand sehen.

Am Vormittag des 6. Dezember erwacht Helmut Zilk aus dem künstlichen Tiefschlaf. Die ORF-Reporterin ist inzwischen am Schauplatz von Kollegen abgelöst worden – sie hat noch unzählige Radio- und TV-Berichte abzuliefern. Denn ganz Europa will vom Landesstudio Wien mit frischer Ware beliefert sein. Etwa mit der Schilderung der Ärzte, dass Helmut Zilk schon fast wieder der Alte sei: Auf einen Zettel habe er geschrieben: »Ich habe keine Schmerzen. Es geht mir gut.« Am liebsten würde er schon reden. Doch das geht nicht. Er wird ja noch künstlich beatmet.

Das Attentat hat Helmut Zilk buchstäblich über Nacht zu einer Berühmtheit gebracht, auf die er allzu gern verzichtet hätte. Der Apostolische Nuntius telegrafiert, Mitglieder des Diplomatischen Corps erkundigen sich nach dem Befinden, bis

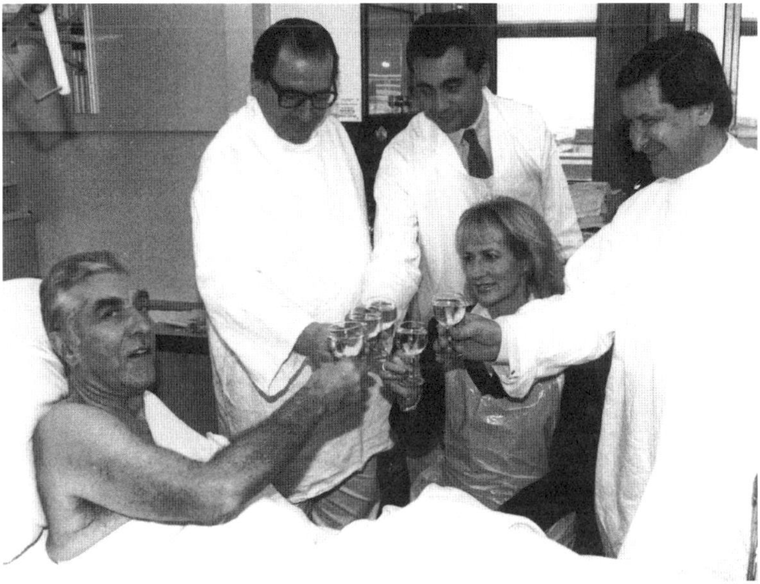

Helmut Zilk stößt mit seiner Frau und den behandelnden Ärzten auf die geglückte Operation an

nach Peru reicht die Bekanntheit des Wiener Bürgermeisters. Keine Frage: Zilk ist eine öffentliche Person. Viel mehr, als er sich das selbst je gewünscht hätte. Mag sein, dass ihm sein Engagement für das Wiener jüdische Museum zum Verhängnis geworden ist. Noch weiß man ja nichts über die Hintermänner. Die Staatspolizei vermutet zunächst sogar einen Österreich-Ableger der deutschen Linksterroristen-Szene RAF. Über dem Bett des Intensivpatienten hängt eine Zeichnung des längst erwachsenen Zilk-Sohnes: »Ob Du zehn, acht, sechs oder vier Finger hast – wir brauchen Dich als Bürgermeister und Vater.«
Und tatsächlich: Zum ersten Mal seit 1990, da Bruno Kreisky gestorben war, hat das kleine Österreich wieder eine Politiker-Figur, mit der sich jedermann identifizieren kann. Ganz Österreich drückt dem Mann die Daumen. Die »Kronen Zei-

tung« animiert ihre Leser, dem prominentesten Patienten Österreichs Weihnachtsbriefe ins Spital zu schicken. Und der revanchiert sich bei den Österreichern mit einem Leckerbissen, wie ihn nur der Medienprofi Zilk zubereiten kann: Eine Pressekonferenz – zwölf Tage nach dem Attentat – im 19. Obergeschoß des AKH, für 35 auserwählte Journalisten. Das Video mit der teils berührenden, teils kabarettreifen Darbietung wird vom ORF nicht zu Unrecht danach als Sonderedition zum Weihnachtsrenner gepuscht. Die Selbsttherapie des Medienmannes Zilk hat begonnen. An seiner Seite »Dagi«, die Ärzte und auch die 18-jährige Anwaltssekretärin, die am 6. Dezember beim Öffnen eines Briefes leicht verletzt wurde. »Sie ist ja einen Tag nach mir in den Genuss dieser völkischen Hochleistung gekommen«, scherzt Zilk, der sich für die Journalisten eine Krawatte gebunden hat. »Ganz allein«, darauf ist er sehr stolz.

Der Stadtvater schildert das Attentat besser, als es jeder Lokalchronist könnte: »In zwei Strahlen ist das Blut meterweit durch die Wohnung geschossen.« Und als dann die Dagi hereingerannt kam, habe sie »geflennt. Wenns d' jetzt waanst, bin i hin. Such a Schnur zum Abbinden, ruf die Rettung! Erst nachher war mir klar, dass beides gleichzeitig ja net geht.« Dass der sozialdemokratische Innenminister Franz Löschnak die Täter noch immer nicht dingfest machen konnte, erbittert den Bürgermeister sichtlich und hörbar. Flugs zieht er mit der heilen Hand ein silbernes Kreuz aus der Hosentasche, schwenkt es hoch über dem Haupt für die Fotografen und verkündet medienwirksam: »Was vor mir liegt, bestimmt ohnehin der liebe Gott – und nicht der Löschnak!« Und dann wird es noch rührseliger: Den Ehering habe die Dagi ihm im Krankenwagen abgenommen, »damit nichts passiert«. Und folglich kommt jetzt die Weisung: »Den gibst mir jetzt zurück!« Die Fotoreporter stürzen nach vorn, Dagi nestelt am Halskettchen, äußerst gerührt. Und streift den Goldring ihrem Helmut über den Finger. Das Foto geht um die Welt. Zu Recht.

Helmut Zilk ist, als er 1994 wieder ins Rathaus kommt, ein anderer. Ein ernster, nachdenklicher, toleranter alter Mann. Am 20. Jänner, einen Tag vor dem Okay der Ärzte, ist er geflüchtet und hat kurz im Bürgermeisterbüro vorbeigeschaut. Er hat sich gezwungen noch weiterzumachen, obwohl er nach dem Attentat allen Grund gehabt hätte, endgültig der Politik valet zu sagen. Aber das ist Zilk: Den noch immer unbekannten Terroristen will er diese einzige Freude vermiesen. Im September 1994 feiert er völlig unangefochten sein zehnjähriges Amtsjubiläum.
Das Amt als Bürgermeister hat er beileibe nicht angestrebt. Es war ja auch schon das zweite, dritte, vierte Leben dieses Paradiesvogels. Eigentlich wollte er sich schon nach der Zeit als Wiener Kulturstadtrat Schluss machen und die Pensionen als ORF-Angestellter und Rathauspolitiker genießen. Aber der Reihe nach. Kurz bevor der Justizpalast in Wien brennt, 1927, kommt Helmut in einer sozialdemokratischen Angestelltenfamilie zur Welt. Der Vater ist ein politisch aufgeweckter Genosse, Expeditchef der »Volkszeitung« und des »Wiener Tagblatts« – der Sohn wächst sozusagen mit dem Geruch der druckfrischen Blätter auf. Und er wird diese Affinität zu den Medien sein Lebtag lang nicht los.
Nach der Matura studiert Zilk jun. an der Wiener Universität Pädagogik, Philosophie, Psychologie und Germanistik, 1955 ist er Dr. phil. (»Die Methode zur Förderung von Kindern mit Erziehungsschwierigkeiten« lautet der Titel der Dissertation) und er macht die Lehramtsprüfung. »Goschert« ist er schon damals, besserwissend auch. Und er hat schon damals einen Redefluss, der jedes Gegenüber schachmatt setzt. Also legt er sich mit dem Chef des Jugendprogramms im Rundfunk, Herbert Haugk, an, bis dem der Geduldsfaden reißt: »Machen Sie's halt besser!« Der ambitionierte Lehrer lässt sich das nicht zweimal sagen und wird zur Seele des neuen Schulfernsehens. Davor schon hat er sich mit Jugenddiskussionen und einer Büchersendung für Jugendliche das Rüstzeug für den nächsten Schritt erworben.

Die Zeit muss er sich sehr genau einteilen. Dabei kommt dem Pädagogen zugute, dass die Lehrerbildungsanstalt in der Hegelgasse nur einen Steinwurf vom Etablissement Ronacher entfernt liegt, wo der Österreichische Rundfunk seine provisorischen Studios hat. »Er pendelte ständig«, erinnern sich Zilks ehemalige Schüler Norbert Steger und Fritz Neugebauer. Der eine Schüler sollte später Vizekanzler werden und mit dem Unterrichtsminister Zilk im Koalitionskabinett von SPÖ und FPÖ sitzen, der andere brachte es zum obersten Personalvertreter der öffentlich Bediensteten.
Zilk bleibt beim Rundfunk. Stets als freier Mitarbeiter, aber längst als Aushängeschild der öffentlich-rechtlichen Anstalt. Nur 20 Minuten pro Tag sollten Kinder fernsehen, dekretiert er in einer Broschüre. Da ist er mit seinen direkt übertragenen schwarz-weißen »Stadtgesprächen« schon eine bekannte Figur: Der erste europäische »Talkmaster«, bevor es überhaupt diesen Begriff noch gibt. 1964 geht er mit seiner Sendung erstmals über die Grenzen und sorgt mit »Stadtgesprächen« in Prag für äußerste Konfusion unter den streng linientreuen kommunistischen Funktionären. Der Mann ist ein Phänomen. Halbes ist ihm fremd – und sein dröhnender Bass gibt selbst Nichtigkeiten den Anflug von Gewichtigkeiten. Mit seiner ersten Frau Erika – einer begeisterten Hauptschullehrerin – hat er einen Sohn (Thomas), auf den er zeitlebens sehr stolz sein wird, auch wenn sich die Spuren der ersten und der zweiten Ehefrau im Laufe dieses bewegten Lebens verloren haben. Auch sein Freundeskreis ist unkonventionell. Da herrscht nicht der Mief der sozialistischen »Ochsentour«, denn Zilk betätigt sich außer im SPÖ-Lehrerverein überhaupt nicht im Sinne der »Bewegung«.
Im Gegenteil. Der Freimaurer hegt einfach Bewunderung für Medien-Profis, selbst wenn sie »heimatlose Rechte« sind. Wie Gerd Bacher. Der Generalintendant holt nicht nur Franz Kreuzer von der »Arbeiter-Zeitung« zum neuen ORF, er macht seinen Freund Zilk zum Fernsehdirektor. Und so werden sich die Lebenswege dieser beiden Medien-Saurier immer

wieder kreuzen, eine Zeit lang parallel laufen, wieder auseinander gehen, aber stets miteinander korrespondieren.
Als Gerd Bacher auf Geheiß der SPÖ-Granden Anton Benya und Christian Broda 1974 den ORF verlassen muss, steht Helmut Zilk mit 47 Jahren als Frührentner da. Finanziell ist er zwar rundum gut abgesichert, aber was tut ein derartiges Energiebündel mit seiner überschüssigen Kapazität? Gefeuert aus der größten Medienorgel des Landes, heuert Zilk einfach beim zweitgrößten Medienunternehmen an – bei der »Kronen Zeitung« des Hans Dichand – ein Sakrileg für gestandene Sozialisten. Der Heiligenstädter Medienmogul ist das Urbild des Kapitalisten, aber Zilk hat vom Klassenkampf vergangener Jahrzehnte nie etwas gehalten. Und weder Dichand noch Zilk stört's, dass das Kleinformat im Kampf gegen die »ORF-Clique Bacher/Zilk« nie Glacéhandschuhe verwendet hatte. Das müde dahinsiechende Zentralorgan der regierenden SPÖ, die »Arbeiter-Zeitung«, kann da nur ohnmächtig und fassungslos zusehen, wie einer der Ihren binnen kurzer Zeit zum Volksliebling mutiert.
Zilk weiß, wie man das macht. Er hat immerhin mit großem Erfolg als TV-Direktor die Sendung »In eigener Sache« moderiert. Und spitze Zungen hatten schon damals behauptet, der Mann verstehe den Titel der Sendung allzu wörtlich ... (Die Premiere dieser beliebten Sendung 1972 war übrigens vom Pech verfolgt: Ein Techniker hatte vergessen, die Richtfunkantennen zum Sender zu installieren. Eine Übertragung war unmöglich. Also spielte Zilk einen alten Film und die Leute gingen wieder nach Hause).
1978 ergibt sich eine neue Frontstellung im innenpolitischen Geplänkel – und eine große Chance für den Medienmenschen Helmut Zilk: Gerd Bacher hatten die Sozialisten zwar mit Erfolg aus dem ORF intrigiert, doch der Nachfolger von Brodas Gnaden – ein Sektionschef aus dem Justizministerium – erwies sich als zu leichtgewichtig für diese Schlüsselposition. Also verfällt die Mehrheit der SPÖ-Kuratoren auf die Idee, Zilk für die nächste Amtsperiode zu nominieren. Der SPÖ-fundamen-

talistische Gewerkschaftsflügel hat damit überhaupt keine Freude, denn Zilk hat aus seiner Verachtung für dumme Menschen nie ein Hehl gemacht – ganz gleich, welcher Partei sie entstammen. Bruno Kreisky, der sonst so Allmächtige, ist hin- und hergerissen: Soll die SPÖ doch wieder den schwächlichen Sektionschef stützen, soll sie zu Zilk überlaufen? Wer weiß, ob sich der noch irgendwann an Parteidisziplin gewöhnen kann? Er macht ja auch sonst, was er will: Noch vor der entscheidenden Abstimmung ehelicht er die hübsche blonde Operettenkönigin Dagmar Koller, mit der er schon seit acht Jahren liiert ist. Als Bruno Kreisky zur Hochzeitsfeier eintrifft, ist es für die Adabeis völlig klar: Zilk hat den Segen für seine Bewerbung. Die Sache scheint gelaufen zu sein.

Doch da ist noch ein dritter Kandidat – freilich völlig »außer Bewerb«: Gerd Bacher. Der verfügt über die Gnade des frühen Anfangsbuchstabens im Alphabet. Das ORF-Kuratorium stimmt zunächst über den Erstgereihten, Bacher, ab. Der kommt völlig überraschend auf eine Mehrheit, sodass über die weiteren Bewerber (Sektionschef Oberhammer und Zilk) gar nicht mehr abgestimmt wird. Es sollte die einzige wirkliche Niederlage Helmut Zilks sein. Sie wird nur dadurch gemildert, dass es Freund Bacher war, der gewonnen hat. Und nicht der Sektionschef, der zwar ein treuer SPÖ-Parteigänger ist, dem Zilk aber dennoch »Inkompetenz« bescheinigt.

Doch damit ist der Tausendsassa Zilk frei für neue Aufgaben. Trauzeuge Leopold Gratz, Bürgermeister in Wien, will sein Team der Stadträte erneuern. Er bietet Zilk das Kulturressort an – zusammen mit den Wiener Festwochen eine äußerst attraktive Herausforderung. Doch die beiden haben fast die Rechnung ohne den Wirt gemacht. Der Aufstand der lang gedienten Funktionäre gegen den Außenseiter, der sich nicht nur einmal über sie lustig gemacht hatte, bricht los. Am 1. Februar 1979 wird die Wiener Stadthalle zum Tribunal. Schon als Leopold Gratz in der Begrüßung des Landesparteitags den Namen Zilk erwähnt, verlassen die ersten Delegierten wutschnaubend den Saal. Und als dann die Diskussion

über die neuen Männer im Gratz-Team beginnt, öffnen sich die Schleusen aufgestauter Aggressionen über den unangepassten Außenseiter: Kein »Stallgeruch«, so lautet das Verdikt. »Die Prostitution führender Funktionäre gegenüber Zeitungen muss ein Ende haben«, ruft ein Juso unter frenetischem Applaus in den Saal. Sein Name: Josef Cap. »Unter jenen, die in den Stadtsenat einziehen, ist zumindest einer, bei dem Verbundenheit mit der sozialistischen Bewegung nicht seine Stärke ist!« Das ist Originalton Josef Hindels, damals einer der Gralshüter der reinen austromarxistischen Lehre. Da zählt nicht, dass der Mann, um den es da geht, seit 32 Jahren Parteimitglied ist. Und ein Ottakringer Funktionär bringt die Bedenken der braven Genossen auf den Punkt: Zilk habe als Fernsehdirektor und später als »Kronen Zeitungs«-Star nie etwas für die SPÖ getan, nie seine Mittel ausgenützt, die er ja wohl gehabt hätte: »Er ist sicher ein Medienmann – und auf amal hab'n wir ihn da in Wien! Ist er net a Fehlbesetzung? Wer kauft ihn uns jetzt ab als Mandatar – nach allem, was er gemacht hat?« Die Basis jubelt, Gratz und Zilk sitzen wie die sprichwörtlichen begossenen Pudel in Reihe eins.
Die Abstimmung gewinnt das Duo zwar knapp, doch Zilk wird noch Monate benötigen, um mit den Stammtischfunktionären und kleinen Sektionsobleuten auf gleich zu kommen. Er tut es mit Eselsgeduld und kann auch im neuen Job den alten Ombudsmann nicht ganz verleugnen: Der »Bürgerdienst« im Rathaus ist eine Zilk'sche Erfindung, die sich bis heute bewährt hat. Im Oktober 1979 empfängt der Herr Kulturstadtrat fünf Journalisten zu einem eher belanglosen Routinegespräch, das wie so oft mit der Frage nach persönlichen Zukunftsplänen endet. Die Frage ist weitschweifig, die Antwort dagegen präzise: »Ich hab eigentlich meine Zukunft schon hinter mir und lebe daher gern in der Gegenwart. Mir macht das jetzt wirklich Spaß, und wenn ich sag, es gelüstet mich nach nichts mehr in meinem Leben, dann ist kein Quäntchen Koketterie dabei. Ich will in ein paar Jahren mit dem Gefühl, du hast das Deine getan, das Leben genießen.«

Der Mensch denkt, der Herr lenkt. Zunächst freilich rührt der Stadtrat noch kräftig in der Wiener Kulturszene um. Er parliert mit der Moderne und respektiert das Altvertraute. Er hegt überhaupt keine Scheu vor dem Abstrakten, hofiert aber genauso gut die Tänze der Donauschwaben, bei deren Ball er alljährlich beklatscht wird. So wächst er langsam, ohne das zu planen, in die Rolle des Gratz-Kronprinzen hinein. Der Bürgermeister ist zwar sein Jahrgang, aber wirkt bereits abgenützt und verbraucht. Doch Zilk will nichts davon wissen. »Hör'n S' mir nur damit auf«, wehrt er noch 1982 ab. »Dös ist doch ein indiskutables Gerücht!« Er weiß noch nicht, auf welchen Umwegen er doch noch ins Rathaus zurückkehren wird.

Im Mai 1983 ereilt den Möchtegern-Pensionisten nämlich der Ruf des stark überforderten neuen Bundeskanzlers Fred Sinowatz. Der glitzernde Kultur-Vogel soll als Unterrichtsminister dem Koalitionskabinett Sinowatz/Steger ein bisschen Farbe verleihen. Außerdem schätzt der Kanzler Zilk als einen Pädagogen, der zwar von der Gesamtschule träumt, aber durchaus handfeste und bodenständige Ansichten über Jugenderziehung hegt. Zilk entspricht genau dieser Rolle, die ihm der erdverhaftete Burgenländer Sinowatz zugedacht hat. Aber er verschreckt sogleich traditionsgebundene Marxisten. Zwei Wochen nach der Angelobung schreitet der SPÖ-Minister hoch erhobenen Hauptes hinter dem weihrauchumwölkten »Himmel« bei der Fronleichnamsprozession durch die Straßen der Wiener City. Der zum dritten Mal Verheiratete hat prominente Nachbarschaft: ÖVP-Obmann Alois Mock und SPÖ-Innenminister Karl Blecha. Zilk wundert sich darüber, dass sich andere wundern: Seine Frau Dagi sei praktizierende Katholikin, er selbst meine es durchaus ernst mit der Religion und außerdem habe er ein besonderes Naheverhältnis zu Kardinal Franz König.

Zwei Monate nach Amtsantritt diktiert der Herr Unterrichtsminister dem »Presse«-Bildungschef Erich Witzmann in die Feder, dass er nur bis 1987 zu bleiben gedenke. Dann endlich gehe er in Pension. Nicht ohne schon wieder neue Pläne zu schmieden. Lorin Maazel wird als neuer Operndirektor nach Wien geholt, Claus Peymann als Chef der »Burg« aus Bochum engagiert. Das sollte ihn nicht hindern, bald danach ein steter Kritiker des selbst ernannten Regie-Stars zu werden. Als der Minister zwei Karten für die Salzburger Festspiele selbst bezahlen will, versetzt er die Festspielbürokratie in höchste Aufregung. Für die Sitze in der Loge des Landeshauptmannes gebe es keine Preise, verlautet aus Salzburg, man wisse also nicht, was man verrechnen solle. Zilk spendiert viertausend Schilling und zahlt kopfschüttelnd per Erlagschein. Und er sorgt dafür, dass diese winzige Episode gebührend in den »Salzburger Nachrichten« vermerkt wird ...

Die Jahre Zilks als Wiener Bürgermeister haben ihre Spuren hinterlassen. Es wird Zeit, ihnen nachzugehen. Zehn Jahre hat er duchgehalten. Und die Wiener mit ihm. Hübsche Journalistinnen nannte er »Hasi«. Aber wenn ihm was über die Leber lief, trompetete er seinen Unmut ins Telefon. Und anderntags schickte er einen Blumenstrauß. Vor Helmut Zilks hemdsärmeligem Arbeitsstil war keiner gefeit. Vor dem Du-Wort auch nicht. 1,7 Millionen Einwohner zählte die Metropole zu seiner Zeit. Mit 1,8 Millionen dürfte er per Du gewesen sein. Die Kleinigkeiten waren bei ihm immer gut aufgehoben – die Sachpolitik überließ er gern den Stadträten. Zilks brodelnde Energie sorgte für Angst und Schrecken in den Magistratsabteilungen. Plötzliche Bürgermeister-Anrufe nahmen keine Rücksicht auf die Uhrzeit. Wenn der erste Schnee fiel, war Zilk ebenso am Mobiltelefon wie bei einem klappernden Kanaldeckel. Als wir einmal über den Stephansplatz spazierten, sah er sich schon wieder zum Handeln gezwungen: Zwei Touristen genossen mit bloßen Oberkörper den kühlenden Schatten des Domes. Zilk, fuchsteufelswild: »I am here the Mayor of Vienna! Ziagts euch was an! Anziehen! Sonst staubt's.«

Dass Wien in diesen Jahren einen enormen wirtschaftlichen – aber auch gesellschaftlichen – Aufschwung nahm, lag nur zum Teil an dem Motor Zilk. Mit Hans Mayr wusste der Bürgermeister einen Fachmann an seiner Seite, den er nicht nur wegen der Fachkenntnis respektierte, sondern in dessen Händen er auch die Finanz- und Budgetprobleme bestens aufgehoben wusste. Zudem musste sich Zilk nie mit dem Ballast eines Parteivorsitzes beschweren. Auch den nahm ihm Mayr ab. Und auch die Kontakte zur Wiener Wirtschaft pflegte der emsige Mayr. Das lief über die intakte Achse zum jeweiligen Präsidenten der Wirtschaftskammer, zugleich immer auch der einzige starke Mann in der Wiener ÖVP. Eine saubere, eine sichere Stadt, in der die Jugendkultur boomte – so wollte es der Unruhestifter. Und das ist ihm gelungen. Dass Wien immer weniger produziert, dass es stattdessen immer mehr Arbeitsplätze im Dienstleistungsbereich schafft – das gehörte zur Negativbilanz. Zu den Schattenseiten der langen Regentschaft des Helmut Zilk.

Was bleibt? Das Albertina-Denkmal des Alfred Hrdlicka, das Haas-Haus des Hans Hollein, die verhundertwasserte Müllverbrennung Spittelau, das Arik-Brauer-Haus, das Hundertwasser-Haus, das Wiener Jüdische Museum, die Rettungsaktion für den Stephansdom – all das war Zilk'sche Alleinregie. Sein Festhalten an dem »Nestbeschmutzer« Claus Peymann, den Zilk einst als Unterrichtsminister geholt hatte; seine Unterstützung der linken Kulturstadträtin Ursula Pasterk; seine Idee, den sommerlichen Rathausplatz allabendlich mit Opernkino und Fressstraßen zu beleben; die »Kulturschachtel« auf dem Karlsplatz – alles »original Zilk«. Für vieles andere konnte er in Wahrheit nichts. Dass heute an jedem Eck Beiseln und Schanigärten sprießen, wäre vielleicht auch ohne ihn so gekommen. Aber er setzte auch Limits, wo es ihm zu bunt wurde. Den illegalen Clubbings als ganz neuem Erwerbszweig setzte er Grenzen, was dem Herrn Oberlehrer bei den Jugendlichen nicht nur Freunde eintrug. Auch bei der ungehemmten Zuwanderung, die der FPÖ einen willkommenen Wahlschlager bot, verhielt er sich eher zurückhaltend. Wohl auch aus wahltaktischen Gründen.

Die größte Niederlage? Die war wohl das Veto seiner Bürger gegen den Plan, auf der einstigen Mülldeponie vor der UNO-City eine Weltausstellung zu inszenieren. Die Wiener wollten nicht, mussten ihm dafür aber wenigstens ein Ja zum Bau des Donaukraftwerkes Freudenau geben. Im Nachhinein ein rechnerisches Unding, das sich Wien und der Bund leicht hätten ersparen können.
Am 9. November 1994 legt Zilk sein Amt in die Hände seines bisherigen Umweltstadtrats Michael Häupl. Er wird stellvertretender Aufsichtsratsvorsitzender der Wiener Städtischen Allgemeinen Versicherung, bekommt damit ein Traumbüro im Ringturm, hoch über der Wiener City. Und verfolgt von dort aus mit bleibender Ungeduld das Geschehen in seiner Stadt. Wenn im Büro des Bürgermeisters die beiden Pressesekretäre Michael Häupls die sonore Stimme ihres früheren Chefs vernehmen, dann wissen sie: Irgendwo in der weiten Wienerstadt quietscht eine Straßenbahn um die Kurve, irgendwo ist eine Straßenbeleuchtung ausgefallen; irgendwo liegt Unrat auf der Straße. Zilk fühlt sich auch heute noch dafür verantwortlich. Ein Lehrer kann aus seiner Haut nicht heraus. Ein Talk-Master ebenso wenig. Und ein Haus-Master ist zeitlebens dem Recht, der Ordnung, der Sauberkeit innerlich verpflichtet. Und das macht ihn so populär. Wer ihm einen Missstand ins Ohr flüstern will, hat dafür auch heute noch fast täglich Gelegenheit: Im »Schwarzen Kameel« in der Bognergasse oder beim »Gustl Bauer« in der Drahtgasse.
Ein Lebenskünstler. Wie eben seine TV-Sendung heißt.

Herbert Schambeck

Der Landeshauptmann und die Länder

Geschichte – Gegenwart – Zukunft

In der Funktion des Landeshauptmanns verbindet sich österreichische Geschichtsbezogenheit, aktuelle Gegenwartsverantwortung und europäische Zukunftserwartung. Der Landeshauptmann ist gleichzeitig der Repräsentant des jeweiligen Bundeslandes, der Chef der Landesverwaltung und der Träger der mittelbaren Bundesverwaltung in seinem Bundesland sowie ein Repräsentant seines Landes im Rahmen der Möglichkeiten der Europäischen Union.

Die historischen Wurzeln des Amtes

Die Bezeichnung Landeshauptmann drückt die Bezogenheit einer militärischen Charge mit dem jeweiligen Bundesland aus. Mit Ausnahme des Stadt- und Burghauptmanns in Wien sowie des Chefs der Bezirksverwaltung, der seit 1868 auch eine Funktionsbezeichnung führt, welche einen militärischen Rang mit einem zu verantwortenden Gebiet verbindet, nämlich Bezirkshauptmann, ist keine Funktionsbezeichnung in der Hoheitsverwaltung der Ordnung des österreichischen Staates auf einen militärischen Rang bezogen. Mit der Bezeichnung Stadthauptmann präsentiert sich ein Polizeijurist, der an der Spitze der Bezirkspolizeikommissariate steht. In seine Zuständigkeit fällt neben der Sicherheitsverwaltung, wie etwa das Meldeamt oder das Passamt, auch der Kriminaldienst und die Sicherheitswache in Sicherheitsfragen. Die Burghauptmannschaft Österreich ist eine nachgeordnete

Dienststelle des Bundesministers für Wirtschaft und Arbeit. Ihr obliegt seit 1. Jänner 2001 die Verwaltung und bautechnische Betreuung aller bundeseigenen Liegenschaften, insbesondere der historischen Objekte.

Wie erkennbar, ist die Bezeichnung Landeshauptmann älter als die des Bezirkshauptmanns. Sie geht bereits auf die frühe Zeit der Habsburger in Österreich zurück. Sie beauftragten mit der Regierung des Landes, in dem ihre Residenz Wien lag, also Österreich unter der Enns, das heutige Niederösterreich, den Inhaber eines der Hofämter, nämlich den Marschall, der durch diese Landesfunktion zum »Landesmarschall« wurde – diese Bezeichnung trug der Landeshauptmann in Österreich unter der Enns bis zum Ende der Monarchie 1918! In den übrigen Ländern hingegen setzte der ihnen allen gemeinsame Landesfürst jeweils einen Beauftragten ein, der als Hauptmann des Landesfürsten die Landesregierung führte und damit zum Landeshauptmann wurde: Dies war der Fall in Österreich ob der Enns, in den innerösterreichischen Ländern Steiermark, Kärnten und Krain sowie in Tirol. Der Landeshauptmann (beziehungsweise Landesmarschall) vertrat den Herrscher zunächst in der Gerichtsbarkeit, später auch in der Verwaltung.

Der Landeshauptmann war der *Repräsentant des Landesfürsten*, der ihn besoldete und der den Landesständen gegenüberstand. Der Landeshauptmann gehörte meist dem Herrenstand, also dem hohen Adel an. Das Bemühen der Stände galt der Erlangung von Einfluss auf die Besetzung dieser wichtigen Funktion des Landeshauptmanns. Doch gelang dies nicht, im Gegenteil, ab 1765 führte unter Kaiserin Maria Theresia der Landeshauptmann sogar den Vorsitz in den Versammlungen der Stände.

Der Landeshauptmann hatte daher im Laufe seiner Entwicklung in der landesfürstlichen Zeit einen *Zugang zu allen Bereichen der Staatsgewalt*, da ihm nicht nur richterliche Befugnisse zustanden, sondern er war auch oberster Exekutivbeamter und stand an der Spitze des Landtages. Der Landtag wieder war sowohl Gesetzgebungsorgan als auch oberstes Selbstverwaltungsorgan des jeweiligen Landes. Der Landeshauptmann war im dualistischen Staat für die Aufrechterhaltung von Ruhe, Ordnung und Sicherheit zuständig, dazu zählten auch militärische Aufgaben, die aber später immer mehr zurücktraten. Diese Bezogenheit im Titel blieb aber über die Zeit der Monarchie in der Republik auch bis heute in der neuen Ordnung Europas erhalten. Auf diese Weise wurde *die Funktionsbezeichnung Landeshauptmann die traditionsreichste und älteste in Österreich!*

Der Landeshauptmann war und ist ein *Ausdruck der Staatlichkeit* der Länder. Dies zeigte sich besonders in der Zeit der Thronerledigung, wenn er bis zur Erbhuldigung, also der neuen landesfürstlichen Herrschaft, die Zwischenregierung führte, die im dualistischen Ständestaat des Mittelalters die Stände beanspruchten. Dies änderte sich natürlich mit dem Absolutismus, da die Stände und damit auch der Landeshauptmann ihre Bedeutung verloren. Beginnend mit der Pragmatischen Sanktion 1713, welche in allen Landtagen angenommen wurde, und sodann durch die Staatsreformen im aufgeklärten Absolutismus, beginnend mit jener von 1749 unter Kaiserin Maria Theresia, verloren die Länder ihre spezifische Eigenstaatlichkeit. Durch umfassende Behörden- und Rechtsreformen wurde nun die Habsburgermonarchie insgesamt zum Staat. Aus den Ländern ging auf ihn vor allem die Gesetzgebung, die mittlere Verwaltung auf die neuen staatlichen Gouvernementsbezirke über. Sie waren zum Teil mit den größeren Ländern identisch, umfassten aber oft mehrere Länder. Den Ländern verblieben Selbstverwaltungsbefugnisse, sie wurden zu Gebietskörperschaften. Unter Kaiser Joseph II. waren sie zeitweise abgeschafft und mit ihnen auch das Amt des Landeshauptmanns.

Die Situation der Existenz von Ländern und Gouvernementsbezirken hatte noch Österreichs erste formelle Verfassung vom April 1848 festgeschrieben, die sie ablösende Verfassung vom März 1849 stärkte allerdings die Länder. In der Regel wurden die Gouvernementsbezirke abgeschafft – nicht etwa Tirol-Vorarlberg – und die Länder auch zu staatlichen Verwaltungssprengeln gemacht. Da das Selbstverwaltungselement im so genannten Neoabsolutismus vorerst nicht zur Verwirklichung kam, lag die Bedeutung der Länder vorübergehend allein in dieser staatlichen Funktion. An der Spitze des Landes als staatlicher Verwaltungssprengel stand nicht der Landeshauptmann, sondern der Statthalter als Stellvertreter des Kaisers.

Die Selbstverwaltung der Länder mit eigenem Landtag und an seiner Spitze dem Landeshauptmann wurde erst 1861 unter Kaiser Franz Josef I. durch das Februar-Patent (RGBl. Nr. 20/1861) wieder eingeführt. Die Beilagen II a bis g zu diesem Patent sahen für das Erzherzogtum unter der Enns (Niederösterreich), das Erzherzogtum ob der Enns (Oberösterreich), das Herzogtum Salzburg (Salzburg), die gefürstete Grafschaft Tirol (Tirol), das Land Vorarlberg (Vorarlberg), das Herzogtum Steiermark (Steiermark) und das Herzogtum Kärnten (Kärnten) den Landeshauptmann vor, den und dessen Stellvertreter der Kaiser zur Leitung des Landtages aus dessen Mitte ernannte. In die Hand des Landeshauptmannes hatten die Abgeordneten an Eides statt dem Kaiser Treue und Gehorsam, Beobachtung der Gesetze und gewissenhafte Erfüllung ihrer Gesetze zu geloben. Der Landeshauptmann hatte den vom Kaiser einberufenen Landtag zu eröffnen und den Vorsitz zu führen. Der Landeshauptmann war auch Vorsitzender des Landesausschusses, der aus der Mitte des Landtages zu Verwaltungszwecken und als ausführendes Organ gewählt wurde. Endgültig wurde die *Organisation der staatlichen Verwaltung* 1868 *in dualistischer Weise* geregelt. Es bestand nun eine politische zentralstaatliche Verwaltung mit einem vom Kaiser ernannten Beamten, dem *Statthalter*, in kleineren Kronländern Landespräsident genannt, und eine Landesverwaltung in Form des erwähnten Landesausschusses unter dem Vorsitz des *Landeshauptmanns*, der in Österreich unter der Enns, wie eingangs erwähnt, den Titel Landesmarschall trug.

Der Statthalter bzw. Landespräsident war der Chef der staatlichen, nämlich landesfürstlichen Verwaltung; er wurde vom Kaiser ernannt und dem Innenminister unterstellt, er war dem Landtag nicht verantwortlich. Er war zumeist ein Aristokrat; im Hinblick auf diese Ernennungspraxis soll der Wiener Staatsrechtslehrer Univ.-Prof. Dr. Edmund Bernatzik einmal nach einer nicht erfolgreichen Prüfung zu einem Jus studierenden Adeligen gesagt haben, er könne seine Ernennung zum Statthalter in der Zukunft nicht ver-, aber jetzt behindern!

Ebenfalls vom Kaiser, aber aus der Mitte des Landtages, ernannt wurde der Landeshauptmann (Landesmarschall). Der Landtag wurde auf Grund von Wählerklassen gewählt; in diesen Kurien trat zu den alten Ständen das Besitz- und Bildungsbürgertum. Der Landtag war nicht nur ein Organ der Landesgesetzgebung, sondern gleichzeitig das oberste Organ der Selbstverwaltung des Kronlandes, welches neben der staatlichen landesfürstlichen Verwaltung bestand. Exekutivorgan des Landtages als oberstes Verwaltungsorgan war der aus seiner Mitte gewählte Landesausschuss, der unter dem Vorsitz des Landeshauptmanns (Landesmarschalls) stand. Bemerkens- und erwähnenswert ist, dass die Repräsentation des Landesfürsten bei feierlichen Angelegenheiten nicht dem Landeshauptmann (Landesmarschall), sondern in Niederösterreich, Oberösterreich, der Steiermark und Tirol mit Vorarlberg – die gemeinsam einen einzigen staatlichen Verwaltungsbezirk in Fortdauer des ehemaligen Gouvernementsbezirks bildeten – dem Statthalter sowie in Salzburg und Kärnten dem Landespräsidenten oblag.

Bezeichnend für diese Situation ist es beispielsweise, dass am oberösterreichischen Attersee 1913 von zwei gleichen Schiffen eines auf den Namen des Statthalters Baron Handel getauft wurde, keines aber auf den des Landeshauptmanns! Tatsächlich lag nahezu die gesamte Hoheitsverwaltung im Land in den Händen des Statthalters (Landespräsidenten) und der ihm unterstellten Bezirkshauptmänner. Die autonome

Landesverwaltung durch den Landesausschuss war überwiegend Privatwirtschaftsverwaltung ohne Zwangscharakter. Dies bedeutete beispielsweise auch, dass die Landesgesetze nicht von Landesbehörden, sondern von den Gesamtstaatsbehörden, Statthaltern und Bezirkshauptmännern vollzogen wurden.

Der *Dualismus in der Landesverwaltung und* die *Unterschiedlichkeit in der Bezeichnung ihrer Funktionsträger* findet auch in der Bezeichnung des österreichischen Teils der habsburgischen Doppelmonarchie ihre Fortsetzung. Dieser dezentralisierte Einheitsstaat hieß »die im Reichsrat vertretenen Königreiche und Länder«.

Diese *Kronländer der Monarchie* waren von ausgeprägter historischer, ethnischer und geopolitischer Individualität; sie hatten aber keine Möglichkeit, an der Gesetzgebung des Gesamtstaates mitzuwirken; ein quasi-föderalistisches Moment war in diesem Verfassungssystem nur das bis 1873 bestehende Recht der Landtage, Abgeordnete in den Reichsrat zu entsenden. In Bezug auf die Gesetzgebung bestand ab 1867 eine taxative Aufzählung der in die Kompetenzen des Reichsrates fallenden Angelegenheiten und eine Generalklausel zu Gunsten der Landtage. Dies wurde begleitet vom erwähnten Dualismus zwischen der staatlichen Verwaltung und der über keine wesentliche Zuständigkeiten verfügenden autonomen Landesverwaltung.

Die Bundesländer und das Werden Österreichs

In Österreich sind *aus* diesen *Kronländern der konstitutionellen Monarchie* 1918 die *Bundesländer der demokratischen Republik entstanden.* Bei der Gründung des republikanischen Österreich darf die Rolle der Länder nicht unterschätzt werden! Am 21. Oktober 1918 konstituierte sich aus den Reichsrats-Abgeordneten der deutschsprachigen Wahlkreise die Provisorische Nationalversammlung, der die künftige Staatsgründung obliegen sollte. Allerdings folgte bereits tags darauf, am 22. Oktober 1918, eine Zusammenkunft von Vertretern der Landesausschüsse der davon betroffenen Länder, also ein Ausschusslandtag, welcher diese Entwicklung bestätigte und die autonome Landesverwaltung den Staatsgründungsbestrebungen zur Verfügung stellte. Als daher am 30. Oktober 1918 die Provisorische Nationalversammlung die Staatsgründung vollzog, wusste sie sich damit im Einvernehmen mit den davon betroffenen Ländern. Schon zuvor hatten die autonomen Landesverwaltungen begonnen, die Funktionen des kaiserlichen Statthalters (Landespräsidenten) in Hinblick auf die Gründung eines republikanischen Staates zu übernehmen. Parallel zur Provisorischen Nationalversammlung bildeten sich aus den bisherigen Landtagen Provisorische Landesversammlungen meist dadurch, dass sich diese durch Kooptation ergänzten, um eine politische Zusammensetzung gemäß den Stimmengewichten der letzten Reichsratswahl von 1911 aufzuweisen. Diese landesstaatsrechtliche Lage erfuhr durch das Gesetz der Provisorischen Nationalversammlung vom 14. November 1918 betreffend die Übernahme der Staatsgewalt in den Ländern, StGBl. Nr. 24/1918, im Nachhinein ihre verfassungsrechtliche Bestätigung. In dieser Provisorischen Landesversammlung führte der Landeshauptmann, der aus der Mitte derselben gewählt wurde, den Vorsitz; ganz nach der Tradition der früheren Monarchie leitete er auch den Landesrat, welcher dem früheren Landesausschuss folgte. Daneben wurde die vollziehende Gewalt, die früher den Statthaltern und Landespräsidenten oblag, einer neu geschaffenen Landesregierung übertragen, die von den Landesversammlungen mit dem Landeshauptmann an der Spitze gewählt wurde und aus ihm und seinen Stellvertretern bestand.

Die frühere »Repräsentation des Landes« wurde der Landesregierung und dem Landeshauptmann, auch die Vertretung des Staates und der Staatsregierung gegenüber den Landesbewohnern, übertragen. So wie in der Monarchie war nun *auch in der Republik der Landeshauptmann zu einer Personifika-*

tion der Verbundenheit der Einzelmenschen im Land zum Gesamtstaat geworden. Nach dem Gesetz vom 14. März 1919 über die Volksvertretung ist der Landeshauptmann auch zur Beurkundung der Gesetzesbeschlüsse der Landesversammlungen berufen, welche nach Mitfertigung durch den Landesamtsdirektor und Kundmachung durch die Landesregierung Gesetzeskraft erlangen. Im Gegensatz zur Monarchie, in der auch Landesgesetze ihre normative Kraft durch die Sanktion des Monarchen als Kaiser von Österreich – und nicht als Landesfürst – erhielten, Landesgesetze daher als partielle Gesamtstaatsgesetze galten, gab es nun eine echte Landesgesetzgebung!

Um ihre Autonomie und Eigenstaatlichkeit zu betonen, haben *die meisten Länder nach Ausrufung der Republik 1918 eigene Beitrittserklärungen abgegeben,* die bisher nicht vorgesehen waren, aber von der Provisorischen Nationalversammlung am 12. November 1918 feierlich zur Kenntnis genommen wurden. In der Folge wurde die Forderung nach einem bundesstaatlichen Aufbau Österreichs auf der Länderkonferenz am 13. Oktober 1919 erhoben. *In diesem Stadium des Werdens* der neuen österreichischen Staatsrechtsordnung *der Republik prägten schon damals die politischen Parteien die Länderrepräsentanz.* Dies zeigte sich auch schon äußerlich bereits in der *Sitzordnung der Länderkonferenzen* in Salzburg vom 15. bis 17. Februar 1920 und in Linz vom 20. bis 23. April 1920, welche *nicht nach Ländern, sondern nach den politischen Parteien* erfolgte! Dies ist übrigens auch bis heute im Bundesrat der Fall.

Bereits in seinem Entstehen hatte Österreich nach Ausrufung der Republik unitaristische Züge. Es sei betont, dass in Österreich die Republik durch den Beschluss der Provisorischen Nationalversammlung über die grundlegenden Einrichtungen der Staatsgewalt vom 30. Oktober 1918 als dezentralistischer Einheitsstaat begründet wurde. Zwar erscheint die Zuständigkeit der Provisorischen Nationalversammlung als ausschließlich und unbegrenzt, ein Landesgesetzgebungsrecht wurde hier überhaupt nicht erwähnt, doch erfolgte die Staatsgründung, wie gezeigt, im Einvernehmen mit den Ländern, in diesen wandelten sich die Landtage gerade zu Provisorischen Landesvertretungen um und tatsächlich regelt der Staatsgründungsbeschluss vom 30. Oktober 1918 nur die Gesetzgebung des Gesamtstaates, äußert sich jedoch nicht über die der Länder, die demnach gemäß der Rezeptionsklausel dieses Beschlusses (§ 16) übernommen wurde. Die zentralistischen Tendenzen der neuen Staatsregierung sind aber unverkennbar, wogegen die Länder auf eine Zunahme ihrer Kompetenzen pochten. Als der Vertrag von St-Germain 1919 die zunehmend nach Eigenständigkeit drängenden Länder zwingend zur Republik Österreich zusammenschloss, führte deren Druck schließlich zu einer bundesstaatlichen Verfassungsordnung.

In der Folge entstand in Österreich ein staatliches Gemeinwesen, in dem auf allen Ebenen der demokratischen Staatswillensbildung, nämlich auf Bundes- und Landesebene, wie übrigens auch auf der der Gemeinden, die politischen Parteien bestimmend sind. *Österreich* wurde daher in der Folge auch *ein Parteienbundesstaat!*

Der weitere *Weg der Verfassungswerdung Österreichs*, den Hans Kelsen durch die Vielzahl seiner Verfassungsentwürfe auch integrierend zwischen den politischen Parteien wirkend ermöglichte, war bekanntlich *von Kompromissen begleitet.* Die Christlich-Sozialen waren dabei mehr föderalistisch und die Sozialdemokraten mehr unitaristisch eingestellt. Im Ergebnis erweist sich das am 1. Oktober 1920 von der Konstituierenden Nationalversammlung beschlossene B-VG als *ein mit föderalistischen Bezeichnungen und Formen, aber mit mehr unitaristischen Inhalten versehener Bundesstaat eigener Prägung*. Der *dezentralisierte Einheitsstaat wurde zu* einem *zentralistischen Bundesstaat* mit Änderung der Staatsform von der Monarchie zur Republik mit parlamentarischem Regierungssystem und präsidentschaftsrepublikanischem Einschlag umgeformt, wobei die Grundlagen der Rechts- und

Verfassungsstaatlichkeit zum Großteil aus der Dezemberverfassung 1867 übernommen und wie insbesondere die Grundrechte, so vor allem die Verfassungs- und Verwaltungsgerichtsbarkeit, weiterentwickelt wurden.
Die Ursache für die im Vergleich zu anderen Bundesstaaten als föderalistisch geringhältig anzusehende österreichische Staatsrechtsordnung mag neben dem obgenannten Parteienkompromiss vor allem darin liegen, dass nach Ausrufung der Republik der Kompetenzverteilung der neuen Republik die Zuständigkeit der Ministerien der Monarchie, die aber bis 1918 ein dezentralisierter Einheitsstaat war, zugrunde gelegt wurde. Auf diese Weise ist zwar die Republik Österreich formell unter Bruch der Rechtskontinuität, aber materiell in bestimmten Bereichen des B-VG, wie des Verhältnisses von Gesamtstaat und Ländern, in Kontinuität zu seiner früheren monarchischen und mehr unitarischen Staatsrechtsordnung entstanden.
Die Doppelgleisigkeit der Verwaltung in den Ländern wurde bis zur B-VG-Novelle 1925 fortgesetzt. In diesem Jahr wurde die bis dahin in den meisten Ländern noch getrennten Ämter der ehemals politischen und früheren autonomen Landesverwaltung *zu einem einheitlichen »Amt der Landesregierung«* vereinigt, in dem der Landeshauptmann den Vorsitz inne hatte.
Im Unterschied zu der Zeit vor 1918 ist nach dem *B-VG keine Verbindung* in der Funktion *des Landeshauptmanns vom Vorsitzenden des Landtages und der Landesregierung* gegeben; nur in Oberösterreich hatte der Landeshauptmann bis 1954 und in Vorarlberg bis 1949 den Vorsitz im Landtag. Hingegen ist der Landeshauptmann, der früher auch Vorsitzender des allgemeinen Vertretungskörpers des Landes war, welcher zur Vertretung des Landes in Landesangelegenheiten schon nach § 1 der Landesordnungen des Februar-Patents 1861 berufen war, nach Art. 105 (1) B-VG ausdrücklich der Vertreter seines Bundeslandes.
Durch das B-VG erhielt der Landeshauptmann neben den

Aufgaben der Landesverwaltung noch einen weiteren Aufgabenbereich, nämlich den eines Trägers der mittelbaren Bundesverwaltung in seinem Bundesland. Während der Landeshauptmann im Rahmen der Landesverwaltung dem Landtag verantwortlich ist und von ihm kontrolliert wird, ist er in der *mittelbaren Bundesverwaltung* nach der Kompetenzverteilung des Bundes dem jeweiligen Bundesminister unterstellt; dieser ist ihm gegenüber weisungsberechtigt und er ihm verantwortlich.

Durch diese mittelbare Bundesverwaltung, die der Landeshauptmann in seinem Bundesland zu verantworten hat, werden Aufgaben, die nach Art. 10 B-VG dem Bund zur Vollziehung übertragen sind, von Landesbehörden vollzogen. Der Landeshauptmann erhält damit eine große Verantwortung und auch einen entsprechenden Einfluss auf die Vollziehung von Bundesaufgaben.

Der Landeshauptmann kann als Träger der mittelbaren Bundesverwaltung zu seiner Entlastung Aufgaben aus diesem Bereich an Mitglieder der Landesregierung übertragen. In diesem Fall sind diese beauftragten Mitglieder der Landesregierung in diesen Angelegenheiten an die Weisungen des Landeshauptmanns, der die Verantwortung für die mittelbare Bundesverwaltung in seinem Land hat, gebunden. An den Landeshauptmann gehen daher auch alle Weisungen der Bundesregierung oder einzelner Bundesminister.

Da der Bund sich die wichtigsten Aufgaben sowohl des Rechts- und Machtzweckes als auch des Kultur- und Wohlfahrtszweckes selbst vorbehalten hat und nur bestimmte im Art. 102 (2) B-VG genannte Angelegenheiten, wie z. B. das Zoll-, Justiz-, Melde-, Patent-, Waffen-, Post-, Telegrafen-, Fernsprech- und Bergwesen durch eigene Bundesbehörden in unmittelbarer Bundesverwaltung vollzogen werden, trifft in allen übrigen Bereichen, die solche der mittelbaren Bundesverwaltung sind, die Verantwortung den Landeshauptmann. Dazu tritt noch seine Verantwortung für die Vollziehung der den Ländern verbliebenen eigenen Landesangelegenheiten, wie das Baurecht, das Veranstaltungswesen, das Gemeinde-, Grundverkehrs- und Jagdrecht, der Naturschutz, die örtliche Sicherheitspolizei und Sportangelegenheiten. Als *Ausdruck des Subsidiaritätsprinzips* hält Art. 15 (1) B-VG fest: »So weit eine Angelegenheit nicht ausdrücklich durch die Bundesverfassung der Gesetzgebung oder auch der Vollziehung des Bundes übertragen ist, verbleibt sie im selbständigen Wirkungsbereich der Länder.«

Die Vollziehung des Landes wird gemäß Art. 101 (1) B-VG von der Landesregierung ausgeübt, die als Kollegium organisiert ist. Das B-VG vom 30. Juli 1925 (BGBl. Nr. 289) betreffend Grundsätze für die Einrichtung und Geschäftsführung der Ämter der Landesregierungen außer Wien sieht aber vor, dass einzelne Mitglieder der Landesregierung mit der selbständigen Besorgung einzelner Aufgaben der Landesverwaltung betraut werden können, wenn dies in den Landesverfassungen vorgesehen ist, was in allen Landesverfassungen Österreichs der Fall ist. Ergänzend zum Kollegialprinzip ist auch das Ressortsystem möglich. *Die Leitung der Landesregierung* obliegt dem *Landeshauptmann*, wobei für den inneren Dienst der *Landesamtsdirektor* als *Spitzenbeamter* tätig ist. Er wird von der Landesregierung mit Zustimmung der Bundesregierung als rechtskundiger Beamter bestellt und steht unter Aufsicht des Landeshauptmanns, den er sowohl in der Landesverwaltung als auch in der mittelbaren Bundesverwaltung zu unterstützen hat. Der Landesamtsdirektor lässt sich mit dem beamteten Staatssekretär in der deutschen Verwaltung vergleichen!

Die Kompetenzen des Landeshauptmanns und innerhalb der einzelnen Mitglieder der Landesregierung werden jeweils für eine Gesetzgebungsperiode des Landtages in der *von der Landesregierung zu erlassenden Geschäftsordnung* bestimmt. *Die Zuständigkeitsbereiche des Landeshauptmanns* sind von Bundesland zu Bundesland verschieden. In Wien hat der Landeshauptmann kein eigenes Fachressort.

Unter der Landesregierung ist *die Bezirkshauptmannschaft*

sowohl in Angelegenheiten der Landesverwaltung als auch der mittelbaren Bundesverwaltung tätig. Sie ist monokratisch organisiert und wird vom Bezirkshauptmann geführt, welcher von der Landesregierung ernannt wird und in organisatorischer Hinsicht dem Landeshauptmann und dem Landesamtsdirektor untersteht. Auch die Bezirkshauptmannschaften gehen auf die vorrepublikanische Zeit Österreichs zurück; sie wurden 1868 (RGBl. Nr. 44) nach Auflösung der gemischten Bezirksämter als eigene Verwaltungsbehörden geschaffen.

Die Bundesländer und Europa

Betrachtet man diese *Struktur der Länder*, dann erkennt man deutlich, dass sie die Grundlage für die gesamte Staatsordnung Österreichs bildet. Sie hat sich bei der *Staatsgründung 1918* und bei der *Wiedererrichtung 1945* sehr bewährt. Nach Beendigung des 2. Weltkrieges und des NS-Regimes sowie der Besetzung Österreichs durch Deutschland entstand wie 1918 das demokratische Leben ohne vorherigen Verfassungsauftrag, ausgehend von den Gemeinden und Ländern. Obwohl auch die vorläufige Verfassung 1945 wie die 1918 einheitsstaatlich und zentralistisch war, ergriffen die Vertreter aller neun Bundesländer trotz vierfacher Besetzung durch die Großmächte die Initiative zu einer gesamtösterreichischen wegweisenden Aktion, nämlich zu einem demonstrativen Akt der Einheit, und zwar in einer gesamt-österreichischen Bundesländerkonferenz, welche vom 24. bis 27. September 1945 im niederösterreichischen Landtagssitzungssaal in Wien stattgefunden hat. Erst nach dieser Konferenz entschlossen sich auch die westlichen Besatzungsmächte, die Provisorische Staatsregierung unter der Leitung von Staatskanzler Dr. Karl Renner anzuerkennen, wodurch von den Bundesländern mit ihren Repräsentanten ein wesentlicher Beitrag zur Vermeidung der Teilung und so zur Erhaltung der Einheit Österreichs trotz der bis 1955 fortbestehenden vierfachen Beset-

zung geleistet wurde. Gerade *in schwierigen Zeiten* hat sich immer *die Staatsverantwortung unserer Bundesländer und ihrer Repräsentanten unabhängig von ihrer Parteizugehörigkeit bewährt!*
Richtungsweisend waren auch die *Landeshauptleute* und die österreichischen Bundesländer *auf dem Weg zur Teilnahme Österreichs an der Integration Europas.* Sie hatten eine Vorreiterrolle übernommen, obgleich sie wissen mussten, dass diese Teilnahme an der neuen Ordnung Europas mit Kompetenzverlusten verbunden sein würde. Seit 1987 haben die Landeshauptleute mehrfach die Bundesregierung aufgefordert, die Mitgliedschaft Österreichs bei der Europäischen Gemeinschaft anzustreben. So haben noch vor den politischen Parteien und vor den Regierungsparteien am 13. November 1987 die Landeshauptmänner in ihrer Konferenz gefordert, umgehend das Beitrittsansuchen zu stellen. Am 8. Juni und 23. November 1990 verlangten die Bundesländer verfassungsrechtlich verankerte Informations- und Mitwirkungsrechte in Fragen der Europäischen Integration, die sie 1992 durch eine B-VG-Novelle (BGBl. Nr. 276/1992) und in der Vereinbarung zwischen Bund und den Ländern gem. Art. 15a B-VG über die Mitwirkungsrechte der Länder und Gemeinden in Angelegenheiten der Europäischen Integration (BGBl. Nr. 275/1992) erhielten.
Die Teilnahme Österreichs an der Integration Europas hatte nicht nur *institutionelle Vorkehrungen*, sondern auch eine entsprechende *Meinungs-, Urteils- und Willensbildung innerhalb der Bevölkerung* notwendig gemacht, da der Beitritt Österreichs zur EU eine Gesamtänderung der Bundesverfassung zur Folge hatte, welche eine Volksabstimmung zwingend verlangte. Neben den politischen Parteien haben die Landeshauptleute sowie die Landtage in den einzelnen Bundesländern das ihnen Mögliche zu dieser erforderlichen Öffentlichkeitsarbeit geleistet. Als es am 12. Juni 1994 gem. Art. 44 (3) B-VG zu dieser Volksabstimmung kam, ergab sie eine Zustimmung von 67 Prozent.

Der Landeshauptmann, dem schon als *Chef der Landesverwaltung und Träger der mittelbaren Bundesverwaltung* in seinem Bundesland eine große Verantwortung zukommt, hat durch die EU-Mitgliedschaft Österreichs eine Vermehrung an Aufgaben erfahren. Er wirkt im Rahmen des Länderbeteiligungsverfahrens am Zustandekommen der Stellungnahmen seiner Länder gegenüber dem Bund betreffend Vorhaben der EU mit. Die Verbindungsstelle der Bundesländer ist für diesen Kontakt zwischen der jeweiligen Landesregierung und der Bundesregierung zuständig.

Wenn dem Bund eine einheitliche *Stellungnahme der Länder* zu einem *EU-Vorhaben* vorliegt, welches die Gesetzgebung der Länder betrifft, so ist der Bund in der EU an diese gebunden; er darf nur aus zwingenden außen- und integrationspolitischen Gründen abweichen, muss dies aber begründen. Eine solche einheitliche Stellungnahme der Länder kann auch durch Beschlüsse der *Integrationskonferenz der Länder* zu Stande kommen, in der die Landeshauptleute stimmberechtigt, der Präsident und die Vizepräsidenten des Bundesrates sowie die Landtagspräsidenten hingegen nur teilnahmeberechtigt sind.

In Angelegenheiten der Landesgesetzgebung kann die Bundesregierung nach Art. 23d (3) B-VG einem von den Ländern namhaft gemachten Mitglied der Landesregierung, d. h. auch dem Landeshauptmann, die Mitwirkung an der Willensbildung im EU-Rat übertragen. Gleichzeitig sind nach Art. 23d (5) B-VG die Länder verpflichtet, in ihrem selbständigen Wirkungsbereich jene Rechtsakte zu setzen, die im Rahmen der Europäischen Integration erforderlich werden. Wenn ein Bundesland einer solchen Verpflichtung nicht rechtzeitig nachkommt und dies von einem Gericht der EU gegenüber Österreich festgestellt wird, so geht die Kompetenz auf den Bund über. Diese Maßnahme tritt aber außer Kraft, sobald das Land den rechtlichen Schritt setzt.

Die Landeshauptleute waren an allen Konferenzen zur Vorbereitung der EU-Mitgliedschaft Österreichs wie hernach an

den Regierungskonferenzen der EU beteiligt und es gehörten auch Vertreter der Landeshauptmännerkonferenz der offiziellen österreichischen Delegation an.
In der EU *gehören* die neun Landeshauptleute neben drei Vertretern des österreichischen Städte- und Gemeindebundes dem *Ausschuss der Regionen an*, der 1992 mit dem Vertrag von Maastricht zur Vertretung von Regionalinteressen geschaffen wurde und eine den Rat und die Kommission unterstützende, nämlich beratende Einrichtung (Art. 7 Abs. 2 EGV) ist.

Die Stellung des Landeshauptmanns

Alle diese skizzierten *Aufgaben des Landeshauptmanns* ergeben sich auf Grund der Rechtsordnung und seiner Stellung im österreichischen Bundesstaatssystem. In der *Rangordnung der gewählten und beamteten Funktionäre Österreichs* rangieren die Landeshauptleute nach dem Bundespräsidenten, Kardinal, Bundeskanzler, Präsidenten des Nationalrates, Vizekanzler, dem Bundespräsidenten i.R., den Bundesministern, dem Präsidenten des Bundesrates, den Präsidenten der Höchstgerichte und des Rechnungshofes, dem früheren Bundeskanzler und Präsidenten des Nationalrates sowie den Metropoliten der Kirchenprovinzen, aber vor u. a. dem Zweiten und Dritten Präsidenten des Nationalrates, den Klubobmännern, Volksanwälten, Staatssekretären und Vizepräsidenten des Bundesrates. In ihren Bezügen sind sie ähnlich wie die Bundesminister, jedoch seit 1997 nach Größe der Länder gestaffelt eingestuft. Die Bundesminister hingegen sind gehaltlich nicht differenziert etwa nach der Größe ihrer Ressorts eingestuft. In diesem Vergleich sind daher die Landeshauptleute schlechter gestellt!
Voraussetzung für diese Stellung des Landeshauptmanns ist seine Wahl durch den Landtag des jeweiligen Bundeslandes und in demselben die *Nominierung durch eine politische Partei.* Nachdem die Wahl des Landeshauptmannes eine Mehrheitsentscheidung ist, wird vom Landtag nur die Person ge-

wählt und anschließend vom Bundespräsidenten auf die Bundesverfassung sowie entsprechend den Landesverfassungen vor dem Landtag auch auf die Landesverfassung angelobt, welche die Mehrheit im Landtag erreicht, und dies ist zumeist der Kandidat der Mehrheitspartei. Eine Ausnahme war die Wahl 1994 zum Landeshauptmann von Kärnten von Christof Zernatto, der damals von der drittstärksten Partei vorgeschlagen wurde und hernach dieses Amt von 1991 bis 1999 bekleidete.

In der Regel wird im Landtag von einer Partei, und das ist meistens die Mehrheitspartei, ihr Vorsitzender für die Wahl zum Landeshauptmann vorgeschlagen; Ausnahmen waren z. B. in Kärnten Jörg Haider (mit Martin Strutz als FPÖ-Vorsitzender); in Salzburg Hans Lechner (mit Karl Glaser als ÖVP-Landesobmann); in Vorarlberg Martin Purtscher (mit Herbert Sausgruber als ÖVP-Landesobmann); in Wien Helmut Zilk (mit Hans Mayr als SPÖ-Landesvorsitzender).

Ob *als Parteivorsitzender* oder auch als Landeshauptmann, jeder Spitzenmandatar muss im Hinblick auf seine Parteizugehörigkeit den entsprechenden Leitungsgremien seiner Gesinnungsgemeinschaft angehören und das auf Bundes-, Landes- und nach seiner örtlichen Herkunft auch auf Bezirks- und Ortsebene. Selbstverständlich kann er sich auch fallweise vertreten lassen; er muss aber, um am Meinungsbildungsprozess in seiner Partei teilnehmen zu können, diesen mitverfolgen und mitgestalten sowie auf diesen entsprechenden Ebenen präsent sein: entweder vorsitzführend oder teilnehmend. Ist der Landeshauptmann auch Parteivorsitzender, muss er in diesem seinen Verantwortungsbereich auch die periodisch nach den entsprechenden Funktionszeiten fälligen Organtage mit Rechenschaftsbericht und Wahlen abhalten. Das verlangt sehr viel Zeit, meist neben den Verpflichtungen als Regierungschef des Landes und den damit auch verbundenen Repräsentationsverpflichtungen an den Abenden der Wochentage sowie an den Wochenenden. Er muss sich um die Organisation und die Finanzen, weiters vor allem auch um die spezifischen Anliegen der Partei und ihrer Gliederungen sowie um die an ihn herangetragenen Wünsche der einzelnen Menschen kümmern. Viele Landeshauptmänner halten regelmäßig, manche schon frühmorgens vor den normalen Dienststunden, in der Landesregierung eigene Sprechstunden für Hilfe suchende Mitmenschen ab.

Als niederösterreichischer Mandatar habe ich es auch oft erlebt, dass Landeshauptmann Siegfried Ludwig in meiner Zeit mit allen Spitzenfunktionären der ÖVP geradezu flächendeckend in regelmäßiger zeitlicher Folge von einem Bezirk zum anderen gefahren ist, um mit seinen politischen Mitarbeitern, aufgeteilt auf die wichtigsten Orte des jeweiligen Bezirkes, Sprechstunden abzuhalten; dies dauerte entweder einen ganzen Tag oder begann am Nachmittag und endete abends mit einer politischen Versammlung im großen Rahmen eines Saales, wobei sich nach der Rede des Landeshauptmanns immer Diskussionen im Plenum oder aber auch mit einzelnen Funktionären und Bürgern im kleineren Rahmen ergaben.

Da mein Beitrag zur Verkehrssicherheit immer darin bestand, selbst nicht Autofahren zu können, war ich in den Jahrzehnten meiner politischen Tätigkeit viel auf das Mitgenommenwerden durch andere angewiesen, was mir freudig auch bei verschiedenen Gelegenheiten durch Siegfried Ludwig zuteil wurde. Er verließ auch in entlegenen Vierteln Niederösterreichs nie eine Abendveranstaltung, ohne dem letzten Teilnehmer bis zum Schluss zugehört zu haben; einmal war das im Weinviertel bei einem Teilnehmer der Fall, der »erfüllt von flüssigem Geist« kein Ende finden konnte, worauf ich im Hinblick auf die späte Stunde und auf die lange Heimfahrt zum Aufbruch zu mahnen versuchte, was Ludwig aber nicht akzeptierte und meinte, wie spät es wo immer sein mag, man muss jedem auch in diesem »feuchten« Zustand bis zum Schluss zuhören und zur Verfügung stehen, was mir, der ich zwar aus der Weingegend von Baden bei Wien komme, aber für Alkohol wenig bis nichts übrig habe, sehr schwer fiel. Auf der anschließenden Rückfahrt begann Siegfried Ludwig bei

einer schwachen Autobeleuchtung, Akten und Briefe zu studieren sowie zu unterschreiben; mit den Unterlagen, die er dann nicht im Auto erledigen konnte, beschäftigte er sich hernach noch zu Hause; wobei mir sein Fahrer, der mich meist dann anschließend in meine Wohnung brachte, sagte, dass er am folgenden Morgen den Rest der durchgearbeiteten Papiere unterschrieben wieder in die Landesregierung mitnimmt.
Von Landeshauptmann Dr. Josef Ratzenböck wiederum weiß ich, dass er auch nachts jeden, der auf der Straße stand und mitgenommen werden wollte, diese Hilfe auch dann, wenn er den betreffenden Menschen nicht näher kannte, gewährte und beim Aussteigen noch sein Bild mit den Sprechstundenzeiten zur Erinnerung mitgab. Angebotene und gewährte Hilfe begleiten auch im Stillen das Wirken der Regierungschefs der Länder, ohne dass dies die Öffentlichkeit immer merkt.
In diesem Zusammenhang möchte ich eine Begebenheit festhalten. Als ich 1979 zwecks Teilnahme an einem internationalen Kongress und einem Besuch beim indischen Oberhaus in New Delhi nach Indien fuhr – in Kenntnis der Neidgesellschaft habe ich in solchen Fällen immer Wert auf Selbstfinanzierung gelegt und dies, wenn es sich gesprächsweise ergab, auch betont – besuchte ich bei dieser Gelegenheit Mutter Teresa in Kalkutta. Dies hatte ich vorher im Kreis von befreundeten Landeshauptmännern erzählt gehabt, wobei mir ein jeder dieser Landeshauptmänner in Dollarscheinen eine persönliche Spende mitgab, die ich mir für jeden von Mutter Teresa eigenhändig bestätigen ließ, wodurch all diese Landeshauptleute zur Erinnerung mit Datum 3. Dezember 1979 ein Autogramm dieser heiligmäßigen Frau und Ordensgründerin mit den Worten »love others as God loves you, God bless you M. Teresa« unterschrieben von mir wieder mitgebracht erhielten.
Noch viele andere *Beispiele* gibt es *für die Einhelligkeit*, mit der die Landeshauptmänner auch für kulturelle, soziale, wirtschaftliche und wissenschaftliche Anliegen entweder unabhängig oder gemeinsam mit dem Bund Initiativen ergriffen und Aktionen beschlossen haben.

Das Geld, der Bund und die Länder

Dieses *Miteinander der Länder* hat sich *nach 1945* in einer Zeit der Not ergeben, im folgenden Wiederaufbau Österreichs bewährt und war damit auch eine entscheidende Voraussetzung für die Einheit der Staaten sowie für die Erlangung der vollen Freiheit und Souveränität Österreichs durch Inkrafttreten des Staatsvertrages 1955. Sie hat die wechselnden parteipolitischen Zusammensetzungen von monocoloren Regierungen und Koalitionsregierungen bis heute mit einer Kontinuität an Ländersolidarität begleitet und sich so als ein Stabilitätsfaktor in der österreichischen Politik erwiesen, der sich auch jetzt auf dem europäischen Weg Österreichs als dauerhaft und wirklichkeitsnah erweist.

Auch in finanziell nicht leichten Zeiten haben die Landeshauptleute *Verständnis für die Sorgen des Bundes* gehabt und geholfen. Das Finanzausgleichsgesetz 2001 (BGBl. Nr. 3/2001) regelt *die Aufteilung der Steuererträge und die Aufteilung der Kosten der EU.*

Demnach zahlten 2000 der Bund 24,654 Milliarden Schilling (76,80 Prozent), die Länder 6,460 Milliarden (20,12 Prozent) und die Gemeinden 986 Millionen Schilling (3,07 Prozent). Auch in Bereichen, für welche der Bund selbst zuständig ist, werden die Länder um finanzielle Unterstützung ersucht. Die Länder und Gemeinden finanzieren sich zum überwiegenden Teil aus Anteilen der gemeinschaftlichen Bundesabgaben.

Leider wurden diesen Haltungen der Bundesländer nicht vom Bund mit einer entsprechenden *Bundesstaatsreform* Anerkennung gezollt. So wurde auch im Zusammenhang mit der Teilnahme Österreichs an der Europäischen Integration und der damit verbundenen Kompetenzabtretungen den Ländern und Gemeinden eine Bundesstaatsreform versprochen und dies auch vor der Volksabstimmung oft und deutlich betont. Am 8. Oktober 1992 unterzeichneten Bundeskanzler Franz Vranitzky für den Bund und Landeshauptmann Siegfried Ludwig als damaliger Vorsitzender für die Landeshauptmänner-Konferenz die »Politische Vereinbarung über die Neuordnung des Bundesstaates«; diese war auf die bundesstaatliche Aufgabenverteilung, die Bundesverwaltung, die Delegation von Gesetzgebungsbefugnissen des Bundes an die Länder, die bundesverfassungsrechtlichen Regelungen über die Gesetzgebung und Vollziehung der Länder und die Struktur der Landesorganisation, die Weiterentwicklung der Unabhängigen Verwaltungssenate, der Mitwirkung der Länder an der Europäischen Integration, die Finanzverfassung und den Bundesrat gerichtet. Mit dem Bundesminister für Föderalismus und Verwaltungsreform Jürgen Weiss, der wahrlich ein »juristisches Naturtalent« ist, den Landeshauptmännern von Burgenland Karl Stix und von Vorarlberg Martin Purtscher sowie Staatssekretär Peter Kostelka war ein Komitee zur Ausführung dieser Vorhaben eingesetzt, das diese Föderalismusreform bis spätestens zur Volksabstimmung über den EU-Beitritt textlich ausarbeiten und diese der Nationalrat mit der B-VG-Novelle zur Ermächtigung für den EU-Beitritt beschließen sollte. Zu dieser Einigung ist es nicht gekommen. Am 12. Dezember 1994 lehnten die Landeshauptleute diese Reformvorhaben im Hinblick auf die zwischenzeitig absehbare Verwässerung zu Lasten der Länder und der offenen Frage nach den Kosten dieser Bundesstaatsreform ab. Aber es hat bis heute u. a. den Anschein, als hätten die Landeshauptmänner kein Interesse daran, dass mit einer längst notwendig gewordenen Einführung von Landesverwaltungsgerichten die Länder Gefahr laufen, dass von ihnen erlassene Bescheide von diesen zu schaffenden Gerichten auf ihre Kosten auf Landesebene wieder aufgehoben werden!

Die *Föderalismusreform* bleibt daher weiterhin *ein offener Punkt im Programm der Arbeit der Bundesregierung*, ebenso ein Anliegen der Landeshauptmänner und ihrer Konferenzen. Sie ist seit Jahrzehnten ein willkommenes Thema zu festlichen Anlässen. Die von den Landeshauptmänner-Konferenzen in den letzten Jahrzehnten einhellig beschlossenen Forderungsprogramme an den Bund, für deren Beachtung sich auch der

Bundesrat auf ÖVP-Initiative laufend einsetzte, sind aber leider immer noch größtenteils unerfüllt. Das kürzlich beschlossene *Verwaltungsreformgesetz 2001*, das auf Sitzungen einer »politischen Bund-Länder-Runde« zurückgeht, bringt zwar Verfahrensvereinfachungen und strebt Kostenersparnisse an, ist aber *keineswegs eine Bundesstaatsreform*! Hiefür wäre nämlich eine Verfassungsänderung erforderlich, für die es in dieser Legislaturperiode des Nationalrates an der erforderlichen Mehrheit fehlt. Als in den letzten Jahren die Regierungsparteien auch im Nationalrat die Mehrheit für Verfassungsänderungen hatten, hatten sie ihre politischen Willensübereinstimmungen mehr für wirtschafts- und sozialpolitische Notwendigkeiten als für Verfassungsanliegen auch im Dienste des Föderalismus eingesetzt. *Die Interessenverbände* waren jahrzehntelang in den Regierungsparteien *viel einfluss- und reformreicher als die Repräsentanten der Bundesländer*, die in der Alltagspolitik mehr finanz- als verfassungsorientiert waren.

Unabhängig davon hat die Vorbereitung der Teilnahme Österreichs an der 3. Stufe der Wirtschafts- und Währungsunion die Verringerung des öffentlichen Defizits und damit *die Umsetzung der Maastricht-Kriterien* gebracht, die wiederum wichtige neue Aufgaben und Einrichtungen für die öffentliche Finanzwirtschaft schuf. Die Landeshauptleute hatten nämlich schon lange ein großes Interesse, die stillschweigende laufende Verschiebung der Kosten während der laufenden Finanzausgleichsperioden zwischen den Gebietskörperschaften abzustellen. Zu diesem Zweck wurden zwischen Bund, Ländern und Gemeinden zwei Vereinbarungen getroffen, die den Konsultationsmechanismus und den österreichischen Stabilitätspakt betrafen.

Der beschlossene *Konsultationsmechanismus* (BGBl. Nr. 35/1999) erfüllt einen langjährigen Wunsch der Landeshauptmänner, nämlich dass der Bundes- oder ein Landesgesetzgeber vor der Erlassung von Maßnahmen, die zu finanziellen Mehrbelastungen bei anderen Gebietskörperschaften führen, einen Konsens erzielen. Er stellt einen wichtigen Schritt zum so genannten »Verursacherprinzip« dar. Die gesetzgebende Gebietskörperschaft muss danach den anderen Gebietskörperschaften die erforderlichen tatsächlich entstandenen Mehrbelastungen ersetzen. Diese Regelung gilt aber nicht für die zwingende EU-Rechtsumsetzung sowie für den Bund, die Länder und Gemeinden als Träger von Privatrechten, für den Finanzausgleich und das Abgabewesen. Dieser Konsultationsmechanismus, den die Landeshauptmänner-Konferenz mit Vertretern des Bundes bereits am 10. Dezember 1996 vereinbart hatte, soll verhindern, dass Kosten vom Bund einseitig auf die Länder abgewälzt werden.

In Bezug auf ein mögliches Defizit wurde weiters zwischen den Finanzausgleichspartnern bereits am 22. Februar 1996 ein *Stabilitätspakt* (BGBl. Nr. 101/1999) abgeschlossen, der dieses Defizit von 3 Prozent des BIP zu 2,7 Prozent auf den Bund und zu 0,3 Prozent auf alle Länder und Gemeinden aufteilt. Schon bei den Beitrittsverhandlungen, welche die Landeshauptleute auch innerstaatlich aufmerksam mitverfolgt hatten, hatten im Rahmen des Finanzausgleichs Bund, Länder und Gemeinden vereinbart, die österreichischen Beitragsleistungen an das EU-Budget aufzuteilen; auf diese Weise hatte z. B. 1997 der Bund 61,08 Prozent, die Länder 18,3 Prozent und die Gemeinden 20,62 Prozent des österreichischen EU-Beitrages zu leisten.

Gleich der Zeit nach 1945, als die innen- und außenpolitische Situation Österreichs, an Stelle des Gegensatzes in der Zwischenkriegszeit, zwischen dem sozialistisch geführten Wien und den übrigen Bundesländern, ein Miteinander der Bundesländer entstehen ließ, das sich auf Grund von objektiven Sacherfordernissen in einstimmig von den Landeshauptleuten beschlossenen *Forderungsprogrammen der Bundesländer* ausdrückt, ist im Zusammenhang *mit* der *Teilnahme Österreichs an der Europäischen Integration eine weitere Versachlichung in der Vertretung der Länderinteressen* erfolgt, die sich schon in der Einhelligkeit des Bemühens um die EG-Mitgliedschaft, im Zusammenhang mit den Beitrittsverhandlungen, jetzt im *Länderbeteiligungsverfahren* und im Rahmen der EU selbst im Regionalausschuss zeigt. *Von* den *Landeshauptleuten* geht daher ein *wertvoller Beitrag zum inneren Frieden Österreichs sowie* zur *Repräsentation* unseres Landes *in der neuen Ordnung Europas und* damit auch in der *Völkergemeinschaft* aus.

Föderalistisches Prinzip – Theorie und Praxis

Dieses *verständnisvolle Miteinander der Landeshauptleute und* die sich damit auch ausdrückende *Solidarität der Bundesländer* soll nicht *Unterschiede* übersehen lassen, welche *in Bezug auf das Föderalismusbewusstsein* vor allem in den einzelnen Bundesländern, in den politischen Parteien und in den Massenmedien gegeben sind. So war Vorarlberg immer vordenkend, was Österreichs Bundesstaatlichkeit betrifft, oder haben die östlichen Bundesländer bezüglich der früheren verstaatlichten Industrie und später der so genannten Osterweiterung der EU heute eine differenziertere Einstellung als die übrigen nicht so sehr betroffenen Bundesländer. Auch haben benachbarte Bundesländer bisweilen verschiedene Einstellungen zu Sachfragen, z. B. Niederösterreich und die Steiermark zur Frage Semmeringtunnel, oder vertreten gemeinsam Anliegen, die zwar sie besonders betreffen, wie Oberösterreich und Niederösterreich mit der Problematik von Temelín, aber von überregionaler Bedeutung sind. Manche Bundesländer, und damit ihre Landeshauptleute, müssen sich spezifischen Aufgaben stellen, die andere in dem Maße nicht haben, aber in ihrer Erfüllung nicht nur für die Bevölkerung des betreffenden Bundeslandes, sondern auch für das Ansehen Österreichs von Bedeutung sind, wie der ethnische Minderheitenschutz in Burgenland, der Steiermark und Kärnten sowie das Transitproblem in Tirol.
Die Landeshauptleute sind mit ihrer Führungs- und Repräsentationsfunktion auch im Rahmen ihrer Möglichkeiten

grenzüberschreitend in Bezug auf die *Regionalpolitik in einer erweiterten Nachbarschaftspolitik* tätig, was sich bereits vor der politischen Wende und dem Ende der Teilung Europas sowie vor der EU-Mitgliedschaft Österreichs für das Miteinander in Europa als wertvoll erwies. In diesem Zusammenhang sei auf die Tätigkeit der Landeshauptleute in der Arbeitsgemeinschaft der Alpenländer, die Versammlung der Regionen Europas, die Konferenz »Europa der Regionen« sowie auf die Arbeitsgemeinschaft Alpen-Adria und die der Donauländer sowie die internationale Bodenseekonferenz verwiesen. Schon lange vor der Teilnahme Österreichs an der Integration Europas haben die Landeshauptleute diese grenzüberschreitende Kooperation gesucht, mit initiiert und organisiert. Zur Lösung dieser Fragen trugen die Landeshauptleute und mit ihnen auch ihre Landtage, deren Präsidenten und die Länderverwaltung mit den übrigen Mitgliedern der Landesregierung zur Verständigung und Freundschaft unter den Nationen die Grenzen der Staaten überschreitend bei.

Im Hinblick auf das B-VG ist es aber erwähnenswert, dass diese *grenzüberschreitende regionale Zusammenarbeit* der Bundesländer nicht auf Grund von Regionalabkommen nach Art. 16 B-VG und daher nicht auf Grund der Kompetenzverteilung und so auch im Rahmen der Hoheitsverwaltung erfolgt, der den Abschluss von derartigen Staatsverträgen durch die Bundesländer in Angelegenheiten ihres selbständigen Wirkungsbereiches mit an Österreich angrenzenden Staaten oder deren Teilstaaten mit Zustimmung des Bundes vorsieht, sondern nach Art. 17 B-VG *als Träger von Privatrechten*, wofür die Kompetenzverteilung in Gesetzgebung und Hoheitsverwaltung bekanntlich nicht gilt und diese Zustimmung des Bundes nicht erforderlich ist.

Diese *Aktivitäten der Landeshauptleute* mit ihren Bundesländern fallen nicht in die Hoheits-, sondern in die Privatwirtschaftsverwaltung; sie sind zwar schon von langer Dauer und sehr erfolgreiche auf Landesebene *gegenüber dem benachbarten Ausland*, ohne als hoheitlicher Akt der staatlichen Außen-

politik in Entsprechung der Bundeskompetenz »Äußere Angelegenheiten« zugerechnet werden zu können. Diese regionalpolitischen Aktivitäten der Landeshauptmänner und ihrer Bundesländer haben oft u. a. in der Kultur-, Wirtschafts- und Verkehrspolitik sowie im Bereich des Umweltschutzes eine besondere Bedeutung erlangt.
Betrachtet man zusammenfassend diese Vielzahl an *Aufgaben der Landeshauptleute*, dann zeigt sich ihr großer Tätigkeitsbereich im Rahmen der mittelbaren Bundesverwaltung für den Bund, im Landesbereich durch Regierungsvorlagen in der Gesetzgebung der Landtage und in der Vollziehung der Landesgesetze durch die Landesregierung sowie Landesverwaltung. Dazu kommen ihre europapolitischen Aktivitäten im Hinblick auf die Mitgliedschaft Österreichs bei der EU und ihre Verantwortung für die Möglichkeiten und Pflichten der Länder im Rahmen der EU-Mitgliedschaft Österreichs. Sie ist eine *mit nichts* in der österreichischen Staatsrechtsordnung *vergleichbare Verantwortung*! Daneben dürfen aber nicht ihre Verpflichtungen in ihrer Partei und die Einstellung der *Menschen* vergessen werden, die unabhängig von der Kompetenzlage *für alles den Landeshauptmann verantwortlich sehen*, was sie selbst benötigen oder was sich in einem Bundesland ereignet.
Die Erfüllung all dieser *Aufgaben eines Landeshauptmannes* ist sehr schwer und die in ihn gesetzten Erwartungen sind groß; sie sind deshalb auch *außerordentlich Kräfte verzehrend.* Zwei Landeshauptmänner starben schon an Herzinfarkt im Amt, nämlich Hans Tschiggfrey (Tirol) am 30. Juni 1963 und Eduard Hartmann (Niederösterreich) am 14. Oktober 1966. Krankheitsbedingt nach 24-jähriger Tätigkeit als Landeshauptmann von Tirol war Eduard Wallnöfer am 5. März 1987 zurückgetreten, nachdem er schon fünf Monate zuvor einen gesundheitlichen Zusammenbruch erlitten hatte.
In ihrer Stellung verbinden *die Landeshauptleute* die im Verfassungsrecht grundgelegte Form der *Bundesstaatlichkeit mit der ihr eigenen existentiellen Prägung in der politischen*

Wirklichkeit unseres Landes. Aus dieser Sicht tragen die *Landeshauptleute* die Hauptverantwortung für die Verwaltung in ihrem Bundesland und als jeweiliger *Parteivorsitzender* haben sie einen ebenfalls prägenden Einfluss auf das politische Leben ihres Landes. Da die meisten Beschlüsse der Landtage auf Regierungsvorlagen zurückgehen, initiieren die Landeshauptleute auch die jeweiligen Gesetze. Sie bestimmen auch entscheidend für ihr Bundesland die Stellungnahme zu EU-Vorhaben, welche in der Regel nach schriftlichen Länderumfragen oder Konferenzen von entsprechend beauftragen Landesbeamten im Wege der Verbindungsstelle der Bundesländer dem Bund mitgeteilt werden.

Man möge nicht übersehen, dass die *Landeshauptleute* auch insofern einen *Einfluss auf die Gesetzgebung des Bundes* haben können, als die Landesregierung – zwar nicht bundesverfassungsgesetzlich vorgeschrieben, aber auf Grund der Praxis der Bundesgesetzgebung[1] und inzwischen durch den Konsultationsmechanismus weitgehend verrechtlicht – regelmäßig zur Begutachtung der Gesetzesentwürfe der einzelnen Bundesministerien eingeladen werden. Diese *Begutachtung von Ministerialvorlagen* erfolgt oft nicht mit ausreichender Frist und muss später weder im betreffenden Ministerium und in der Regierung noch im Nationalrat befolgt und beachtet werden. Sie gibt aber doch einem Land die Möglichkeit, vor allem durch den in diesem hauptverantwortlichen Landeshauptmann, noch vor dem Gesetzgebungsverfahren, also vor der Befassung durch Nationalrat und Bundesrat, zur Meinungs-, Willens- und Urteilsbildung aus der Sicht des jeweiligen Bundeslandes beizutragen.

Diese Länderstellungnahmemöglichkeit kann aber eine Regierungspartei dadurch umgehen, dass sie den Weg zur Gesetzgebung nicht durch eine Regierungsvorlage, sondern durch einen Initiativantrag im Nationalrat einleitet; dieser ist näm-

[1] Siehe Rundschreiben des Bundeskanzleramtes – Verfassungsdienst vom 19. April 1984, GZ 601.920/1-V/A/2/84.

lich dann nicht begutachtungsfähig und stellungnahmepflichtig!
Die Landeshauptleute haben auch die *Möglichkeit*, dadurch *auf die Gesetzgebung des Bundes Einfluss zu nehmen*, dass sie eine solche *über den Bundesrat*, der Länderkammer der Bundesgesetzgebung, sei es *durch* eine *Gesetzesinitiative oder* aber auch durch den *Vorschlag eines Einspruches* des Bundesrates gegen den Gesetzesbeschluss des Nationalrates versuchen. In den 28 Jahren meiner Zugehörigkeit zum Bundesrat, davon 22 Jahre sowohl als einer der Präsidenten und Fraktionsvorsitzenden der Länderkammer, ist mir eine solche *einhellig von den Landeshauptleuten beschlossene Initiative nie bekannt geworden!* Bisweilen ist von einem Bundesland, sei es von einem Landeshauptmann, Landtagspräsidenten oder einem Landesrat eine kritische Stellungnahme den Bundesräten des betreffenden Bundeslandes zugegangen, jedoch niemals einstimmig von allen Bundesländern und ihren Repräsentanten! Als entgegen der Ankündigung vor dem EU-Beitritt Österreichs und der Beschlussfassung der EU-Begleitgesetze der Bund die versprochene Bundesstaatsreform nicht durchführte, war am 20. Dezember 1994 am Morgen vor der Bundesratssitzung der Landeshauptmann von Vorarlberg Martin Purtscher im Bundesrat erschienen und forderte zum Einspruch auf. Es war dies ohne Wirkung; nur eine von allen Landeshauptleuten einhellig beschlossene Ablehnung hätte Erfolg gehabt.
Der Verfasser hat in den Jahrzehnten seiner Zugehörigkeit nicht nur zur Länderkammer des österreichischen Parlaments, sondern auch zum Spitzengremium seiner Partei, nahezu *ständig* auf die *offenen Fragen des Föderalismus* und auch der *Bundesstaatsreform*, vor allem *im Hinblick auf* die angestrebte und dann bevorstehende *Teilnahme an der Integration Europas*, hingewiesen; aber leider vergeblich! Niemals war auch in diesen Gremien eine derartige Initiative von den Spitzenvertretern der Länder und Landesparteiorganisationen beschlossen worden. Dabei hatte das vom damaligen

Bundeskanzler und SPÖ-Vorsitzenden Vranitzky gemeinsam mit dem damaligen Landeshauptmann von Niederösterreich und Vorsitzenden der Landeshauptmänner-Konferenz Ludwig 1992 beschlossene *Perchtoldsdorfer Abkommen* eine nur noch zu konkretisierende Grundlage geboten und der Bundesrat hätte die Möglichkeit gehabt, durch sein bei Kompetenzänderung zu Lasten der Länder ihm zustehendes Zustimmungsrecht, einen unabweisbaren Druck auszuüben. Das von mir oben erwähnte Einschreiten Purtschers am 20. Dezember 1994 hatte keinen Erfolg, denn die während dieser Bundesratssitzung vom Verfasser kontaktierten Landeshauptleute vertraten die gegenteilige Meinung Vorarlbergs und ersuchten mich, trotz Nichterfüllung der 1992 versprochenen Bundesstaatsreform, jetzt im Dezember 1994 die EU-Begleitgesetze zu verabschieden und keinen Einspruch zu erheben.
Die 1992 in Perchtoldsdorf vereinbarte Bundesstaatsreform wurde einem eigenen Komitee zugewiesen; dessen schrittweise verwässertes Ergebnis wurde, wie schon erwähnt, zum Schluss von den Landeshauptleuten selbst nicht akzeptiert.
Bisweilen hat man, wenn man sich für den *Föderalismus* einsetzt, den Eindruck, man *molestiert*. Ein solches Erlebnis hatte ich, als ich von einem Landeshauptmann geehrt wurde und er in seiner Würdigung den Anwesenden sagte: »Wenn Sie wüssten, wie er uns mit seinen Förderalismus-Bemühungen oft auch auf die Nerven geht.« Im Bundesrat hat oft das Bedürfnis bestanden, Gesetzesbeschlüsse des Nationalrates wegen mangelndem Föderalismusverständnis und Verletzung von Länderinteressen zu beeinspruchen. Niemals war von Landesseite eine entsprechende, mehr- oder gar einheitlich zu Stande gekommene Meinungsbildung gegeben. Diese *fehlende Partei- und Ländergrenzen überschreitende kritische Föderalismushaltung der Länder gegenüber dem Bund* im Allgemeinen und der Landeshauptleute gegenüber der Bundesregierung und den Ministern im Besonderen, die auch in Österreich vor dem Koalitionsbeitritt der ÖVP 1986 von ihren Landeshauptleuten gegenüber der von der SPÖ geführten

Bundesregierung nicht anders war, hat vor allem darin ihren Grund, dass *jeder Landeshauptmann*, gleich aus welchem Bundesland und von welcher Partei, *an einem verständnisvoll guten Einvernehmen mit der jeweiligen Bundesregierung sehr interessiert* ist; sehr deutlich zeigt sich dies auch darin, dass sich der *Föderalismus,* wie ein Repräsentant der Bundesländer selbst einmal in richtiger Selbstbeurteilung erklärte, allmählich *in* einen *Förderalismus wandelt.* Das ist aber ein Phänomen, welches sich auch in anderen Bundesstaaten zeigt. So erklärte schon der schweizerische Staatsrechtslehrer Fritz Fleiner 1922: »Der eidgenössische Geldstrom hat zu allen Zeiten die Kraft besessen, die stärksten föderalistischen Schutzwehren wegzuspülen.«[2]

Die *Landeshauptleute* haben die Möglichkeit, neben der Begutachtung von Regierungsvorlagen vor dem parlamentarischen Verfahren zu Gesetzen und der Bundespolitik, Stellung zu beziehen, und zwar durch das ihnen seit 1985 zustehende *Teilnahme- und Rederecht im Bundesrat.*

Während im Bundesrat Deutschlands die Regierungschefs der Länder sowohl im Bundestag als auch im Bundesrat in Berlin ein Teilnahme- und Rederecht haben, im Bundesrat sogar selbst Mitglieder sind und in Jahresabständen auch abwechselnd Präsidentenfunktionen in dieser Länderkammer ausüben, steht den *Landeshauptleuten* ein solches *im Nationalrat* in Wien nicht zu. Im Nationalrat können sie *nur Besucher am Balkon oder auf der Galerie* sein. Im österreichischen Bundesrat haben die Landeshauptleute seit 1985 ein Teilnahme- und Rede-, aber kein Stimmrecht, außer sie werden selbst Bundesräte, Präsidenten des Bundesrates dann, wenn ihr sie entsendender Landtag sie als Erstgereihte nennt, was 1965 bis 1968 für die Steiermark Landeshauptmann Josef Krainer sen. und 1965 bis 1967 für Wien Landeshauptmann Bruno Marek waren, sowie in der Zwischenkriegszeit der frühere

[2] Fritz Fleiner, Schweizerisches Bundesstaatsrecht, Tübingen 1922, S. 516.

Landeshauptmann von Vorarlberg Otto Ender von 1920 bis 1934, der auch dreimal Vorsitzender war.
Von diesem einzigen Rederecht, das die Landeshauptleute im Parlament nur im Bundesrat haben, wurde nicht oft – wenn überhaupt – meist nur einmal im Halbjahr, nämlich dann, wenn der Vorsitz im Bundesrat auf das jeweilige Bundesland überging, und damit auch in der Landeshauptmänner-Konferenz, von dem jeweiligen Vorsitzenden der Landeshauptmänner-Konferenz Gebrauch gemacht. Diese Ansprachen der in der Landeshauptmänner-Konferenz vorsitzführenden Landeshauptleute waren meist allgemein auf den Föderalismus bezogen, verdeutlichten die geschichtliche Entwicklung des jeweiligen Bundeslandes, bisweilen auch konkreter sachbezogen, wie über den Finanzausgleich, das Bundesländerforderungsprogramm, die Teilnahme Österreichs an der Europäischen Integration, Verkehrsprobleme, aber selten gar kritisch gegenüber dem Bund. Auch auf dieser Ebene ist *die Beziehung der Länder durch die Landeshauptmänner zum Bund koordiniert*, *bisweilen* von ihren Repräsentanten her *subordiniert in der Präsentation.*
Offene Konfrontationen zwischen dem Bund und einzelnen Bundesländern oder deren Spitzenrepräsentanten gab es selten. Zu diesen offenen Gegensätzlichkeiten zählten in Vorarlberg 1964 die Auseinandersetzung mit Verkehrsminister Otto Probst wegen der Benennung eines Bodenseeschiffes nach Karl Renner und nicht nach dem Namen dieses Bundeslandes, weiters die 1979 unter maßgeblicher Förderung der »Vorarlberger Nachrichten« gebildete Bürgerinitiative »Pro Vorarlberg«, die auf die Abhaltung einer Volksabstimmung über ein eigenes Verfassungsstatut für Vorarlberg gerichtet war. 1984 war es zwischen Landeshauptmann Wilfried Haslauer und Sozialminister Alfred Dallinger zum Streit wegen des Offenhaltens der Geschäfte am 8. Dezember in Salzburg gekommen und 1987 zur Ablehnung der von Verteidigungsminister Robert Lichal verfügten Stationierung der Drakenflugzeuge in der Steiermark durch deren Landeshauptmann

Josef Krainer. Die letzte derartige Auseinandersetzung wegen einer Verpflichtung gegenüber dem Bund war der Angriff des Landeshauptmannes Jörg Haider gegen den Präsidenten des Verfassungsgerichtshofes Ludwig Adamovich beginnend Mitte Dezember 2001 wegen eines Erkenntnisses des Verfassungsgerichtshofes zur Ortstafelregelung in Kärnten.
Sonst erörterten Landeshauptleute lieber ihre Probleme mit den Repräsentanten des Bundes persönlich, als dass sie diese öffentlich oder in der Länderkammer zur Sprache gebracht hätten und zur Sprache bringen ließen. Auf dieser Ebene hat es kaum politische Kontroversen gegeben. Gleiches gilt für die sonstigen Möglichkeiten, welche dem Bundesrat neben dem Einspruchsrecht zur Wahrung der Länderkompetenzen in der Gesetzgebung auch in der *Kontrolle* zustehen, wie das Interpellations-, Resolutions-, Petitions-, Zitations- und Enqueterecht sowie das Recht, Gesetze wegen des Verdachtes der Verfassungswidrigkeit beim Verfassungsgerichtshof überprüfen zu lassen. Solche *Initiativen* gehen meist *von den einzelnen Bundesräten und ihren Fraktionen aus*; sie sind ihnen nur selten von den Repräsentanten ihrer Länder empfohlen.
Der Grund dafür, dass sich die Landeshauptleute für föderalistische Aktionen in der österreichischen Bundesgesetzgebung nicht der Länderkammer bedienen, obgleich sie im Rahmen ihrer Fraktionen deren Mitglieder über die Landtage zur Entsendung in den Bundesrat vorschlagen, liegt vor allem darin, dass sowohl die *Bundesräte* als auch die Nationalräte in dem Augenblick ihres Eintreffens im Parlament *nicht mehr in* der *Verantwortung der Repräsentanten ihres Landes* und ihrer dortigen Parteiorganisation stehen, *sondern dem jeweiligen Klub* ihrer Partei *im Parlament* angehören und damit auch die Bundesräte der Disziplin in der jeweiligen Bundesratsfraktion unterliegen, d. h., dass nicht der Landeshauptmann und auch nicht der Präsident des Landtages des sie entsendenden Bundeslandes ihr Stimmverhalten bestimmen, sondern die Disziplin der jeweiligen Fraktion, die vom betreffenden Fraktionsvorsitzenden- bzw. Klubobmann ausgerichtet wird,

nachdem im Parlamentsklub und der Bundesratsfraktion der jeweiligen Partei ein entsprechendes Stimmverhalten für Nationalrat und Bundesrat beschlossen wurde. Das B-VG selbst sieht ja im Unterschied zum Grundgesetz der Bundesrepublik Deutschland für den deutschen Bundesrat, in dem das Mandat gebunden und einheitlich für jedes Bundesland ausgerichtet ist, keine Bindung des Mandats an die Willensbildung des entsendenden Landtages vor. Es steht aber trotz dieser *fehlenden verfassungsgesetzlichen Bindung des Bundesratsmandates* an die Wünsche der jeweiligen Landesregierung oder des Landtages jeder Landesregierung und jedem Landtag frei, dem ihr Bundesland in der Länderkammer vertretenden Bundesrat, wenn schon eine Weisung oder ein Auftrag nicht möglich ist, eine Empfehlung für ein Stimmverhalten bei der Abstimmung über einen Gesetzesbeschluss des Nationalrates oder für eine Kontrollaktivität zu geben; auch dies habe ich höchst selten erlebt, wenn, dann in Einzelfällen durch Vorarlberg.

Diese »Immunisierung« der Bundesräte gegenüber Interessen der Länder ist dadurch zu erklären, dass die *Parteienstaatlichkeit in Österreich stärker als die Bundesstaatlichkeit* und die *Parteiendisziplin meist stärker als die Länderinteressen* ist. Eine Differenzierung dieser Situation ist gegeben, je nachdem, ob eine Partei sich in Regierungsverantwortung monocolor oder koalitionär befindet. Ist dies nicht der Fall, werden die Bundesräte ihre Rechte konfrontierend zur Mehrheit des Nationalrates nützen, ist eine Koalition gegeben, aber nicht, sondern sie werden – so wie ihre Parteifreunde im Nationalrat – auch im Bundesrat in der gleichen Klubdisziplin abstimmen. Es muss nämlich beachtet werden, dass *mit Zustimmung der einzelnen Landeshauptleute und Spitzenrepräsentanten der jeweiligen Bundesländer* mit Beschluss des Spitzengremiums ihrer Partei *auch die Bundesräte an den Koalitionspakt und* damit *an die Koalitionsdisziplin*, wie im Nationalrat und der Bundesregierung, *gebunden werden!*

Die Landeshauptleute können daher *nicht im Bundesrat von ihren Ländervertretern die Vertretung der Länderinteressen erwarten, wenn sie vorher für diese* in ihren Parteigremien *auf diese Eigenständigkeit verzichtet haben.* Infolge dieser *Einbindung der Bundesräte* von Koalitionsparteien mit Zustimmung der Landeshauptleute *in die Disziplin der jeweiligen Koalition* wird eine eigenständige Vertretung der Länderinteressen unmöglich, außer einzelne Ländervertreter gehen eigene Wege, was aber nur ganz selten vorkommt. So haben schon vor dieser ÖVP-FPÖ-Koalition 2000 ÖVP- und FPÖ-Bundesräte Vorarlbergs bisweilen gemeinsam anders als die übrigen ÖVP-Bundesräte und die SPÖ-Bundesräte in der Länderkammer gestimmt. *Neben* diesen *Formen der Parteienstaatlichkeit*, die von allen Regierungsparteien nach 1945 praktiziert wurden *und* den *konstitutionellen Föderalismus* teilweise um seine Wirksamkeit gebracht haben, hatten sich *Einrichtungen des existentiellen Föderalismus* herausgebildet. So haben sich seit 1947 die Landesamtsdirektoren und seit 1966 die Landeshauptleute zu regelmäßigen Sitzungen getroffen, um gemeinsame Länderanliegen zu koordinieren und dem Bund zu präsentieren. Zu Beginn des Jahres 1951 wurde in einer Länderbesprechung eine »*Verbindungsstelle der österreichischen Bundesländer*« geschaffen. Ihre Aufgabe ist es, »einen Meinungsaustausch zwischen den Ländern herbeizuführen« und bei der Begutachtung von Gesetzesentwürfen des Bundes »nach Möglichkeit eine Koordinierung der Meinungen zu fördern«. Dies kommt seither den *regelmäßigen Konferenzen* der Landeshauptleute, Landtagspräsidenten und Landesräten einzelner Sachgebiete oder Landesamtsdirektoren, insbesondere auch der Koordinierung und Repräsentation der Länderinteressen sowie Stellungnahmen zu EU-Angelegenheiten bis heute zugute. Auf dieser Ebene haben – vorbereitet von den Landesamtsdirektoren – die Landeshauptleute in ihren Konferenzen, die selbst nie eine Verfassungseinrichtung wurden, Forderungsprogramme der Bundesländer an den Bund erstellt. Solche Programme kamen in den Jahren 1963/64, 1976 und 1985 zu Stande und wurden durch die B-VG-Novellen 1974, 1983, 1984 und 1988 teilweise erfüllt. Eine umfassende *Bundesstaatsreform als Struk-*

turreform wurde trotz bester Vorbereitung *bis heute nicht verabschiedet!*
Leider muss man rückblickend feststellen, dass *Koalitionen für Föderalismusreformen nicht günstig* sind, und es ist hervorhebenswert, dass trotz der Tatsache, dass die SPÖ in der Geschichte grundsätzlich dem Föderalismus gegenüber ablehnend bis reserviert eingestellt war, erst 1958 den Föderalismus in ihr Parteiprogramm aufnahm und Föderalismusreformen fast immer mit der Forderung nach Verbundlichung des Land- und Forstarbeiterrechtes und der Demokratisierung der Bezirksverwaltung begegnete sowie mit Einsetzung von Kommissionen auf die lange Bank schob, *in den nahezu 30 Jahren von SPÖ gestellten Bundeskanzlern Föderalismus-Verfassungsnovellen* im Parlament *beschlossen wurden, wogegen in den vier Jahren der absoluten ÖVP-Mehrheit* und der Kanzlerschaft von Josef Klaus, welcher der einzige österreichische Regierungschef war, der davor auch Landeshauptmann, nämlich von Salzburg war, Derartiges *nicht* zu Stande kam.

Die Kontinuität der Landeshauptleute

Das Wirken der Landeshauptleute bewegt sich seit Jahrzehnten zwischen den Anforderungen und Notwendigkeiten der Bundes- und Parteienstaatlichkeit, wobei Letztere oft stärker ausschlaggebend ist, was sich aus dem B-VG nicht herauslesen lässt. Im B-VG steht nämlich gleich zu Beginn im Art. 2 expressis verbis, dass Österreich ein Bundesstaat ist und die Bundesländer werden in alphabetischer Reihenfolge angeführt. Auch wenn die folgende Kompetenzverteilung zwischen Bund und Ländern bis heute mehr einheits- als bundesstaatlich orientiert ausgerichtet ist, ergibt sich aus der Gliederung des B-VG und der Staatsorganisation eindeutig der formelle Bundesstaat. Die politischen Parteien wurden, um Hans Kelsen, den Schöpfer des Entwurfes aus einem persönlichen Gespräch mit dem Verfasser am Karfreitag 1967 in

Berkeley zu diesem B-VG selbst zu zitieren, wie die Interessenverbände bloß vorausgesetzt.
Erst 1975 wurde die Rechtsstellung der politischen Parteien Jahrzehnte nach Ausrufung der Republik Österreich verfassungsrechtlich geregelt, und auch das nicht durch Aufnahme in das B-VG, sondern bloß in einem einfachen Bundesgesetz (BGBl. Nr. 404), dem Parteiengesetz, mit dem im Zusammenhang mit der Finanzierung und Wahlwerbung politischer Parteien in einer Verfassungsbestimmung deren Aufgaben geregelt wurden. Trotz dieser späten und auch legistisch nicht gelungenen Regelung der politischen Parteien, in der übrigens neben anderen auch auf die Bundesstaatlichkeit Österreichs nicht Bezug genommen wird, tragen die politischen Parteien *die Hauptverantwortung für die Demokratie Österreichs* und mit ihnen *in allen neun Bundesländern die Landeshauptleute*. In ihnen verbindet sich die Parteien- und die Bundesstaatlichkeit Österreichs. Sie waren in der Demokratie dieses Landes auch ein Ausdruck der Kontinuität Österreichs von der Monarchie in die Republik und mit ihr auch im Zeitalter der neuen Ordnung Europas.
So war Prälat Johann Nepomuk Hauser von 1908 bis 1927, also sowohl in der ausgehenden Monarchie als auch in der beginnenden Republik, Landeshauptmann von Oberösterreich, gleichzeitig 1918/19 Präsident der Provisorischen Nationalversammlung und 1919/20 zweiter Präsident der Konstituierenden Nationalversammlung. Heinrich Gleißner war vor und nach dem 2. Weltkrieg Landeshauptmann von Oberösterreich, nämlich von 1934 bis 1938 und zwischen 1945 und 1971.
Vergleicht man die Funktionszeiten der Regierungschefs des Bundes und der Länder, sind die der Länder länger; so hatte Österreich seit 1945 neun Bundeskanzler, hingegen 60 Landeshauptleute, das sind im Durchschnitt ungefähr sieben pro Bundesland, und zwar im Burgenland neun, Kärnten sieben, Niederösterreich sieben, Oberösterreich fünf, Salzburg acht, Steiermark sechs, Tirol sieben, Vorarlberg vier, Wien sieben Landeshauptleute. Von den Landeshauptleuten wurden in der

Geschichte Österreichs nur zwei auch Bundeskanzler, nämlich Otto Ender 1930 bis 1931 und Josef Klaus 1964 bis 1970. Betrachtet man die Herkunft der Landeshauptleute, sind sie aus allen Berufsständen gekommen, waren manuell und intellektuell tätig, mit und ohne Studium, männlich, und mit Waltraud Klasnic in der Steiermark seit 1996 auch weiblich, übrigens hatte sie 1977 bis 1981 ihre politische Tätigkeit im Bundesrat begonnen und ein, mir als ihren Fraktionsvorsitzenden schon damals aufgefallenes, bemerkenswertes Talent für die Politik besessen.

Die Verantwortung prägte die Landeshauptmänner. Unter Mitarbeit oft glänzender Spitzenbeamter arbeiteten sich die Regierungschefs der Länder schnell ein und verfügten auch meist schon vor Antritt ihres Amtes als Regierungschef ihres Landes über besondere Lebenserfahrungen und Sachkenntnisse. Auch durch ihre täglich geforderte Mitmenschlichkeit wurden die *Landeshauptleute* oft geradewegs zu *Symbolfiguren ihres Landes*. Sie *verbinden heute Heimat-, Staats- und Europabewusstsein* und *tragen so zur Beheimatung der Menschen bei*. Gemeinsam mit dem Bundespräsidenten und Bundeskanzler haben sie die Hauptverantwortung im Staat, ein Miteinander, das in der *Verbundenheit von Legalität und Humanität* Ordnung zu begründen vermag.

Herbert Schambeck, geb. 1934 in Baden bei Wien, ist seit 1967 o. Prof. für öffentliches Recht, politische Wissenschaften und Rechtsphilosophie an der Universität Linz. Zuvor lehrte er an den Universitäten Innsbruck und Notre Dame (USA), sowie an der Wiener Universität.

1969 bis 1997 gehörte er dem Bundesrat an, in dem er 1975 bis 1997 Präsidentenfunktionen ausübte und Vorsitzender der ÖVP-Bundesratsfraktion war.

Schambeck ist Ehrendoktor u. a. von Universitäten in Santiago de Chile, Washington DC, Prag und Breslau. Er wurde in die Akademien der Wissenschaften in Padua, Madrid, Düsseldorf und Mailand gewählt, in die Päpstliche Akademie für Sozialwissenschaften berufen und ist Ehrenmitglied der Gelehrten Gesellschaft in Prag.

ANHANG

Tirols Landeshauptleute seit 1945.
4. Mai 1945 bis 20. Oktober 1945
Dr. Karl Gruber (ÖVP)

20. Oktober 1945 bis 31. Jänner 1951
Ing. agr., Dr. vet. med. Alfons Weißgatterer (ÖVP)

27. Februar 1951 bis 12. November 1957
ÖkR. Alois Grauß (ÖVP)

12. November 1957 bis 30. Juni 1963
Dr. Hans Tschiggfrey (ÖVP),

13. Juli 1963 bis 5. März 1987
ÖkR. Eduard Wallnöfer (ÖVP)

5. März 1987 bis 13. März 1993
Dipl.-Ing. Dr. Alois Partl (ÖVP),

ab 14. März 1993
Dr. Wendelin Weingartner (ÖVP)

Vorarlbergs Landeshauptleute seit 1945
24. Mai 1945 bis 28. Oktober 1964
Ulrich Ilg (ÖVP)

28. Oktober 1964 bis 9. Juli 1987
Dr. Herbert Keßler

9. Juli 1987 bis 2. April 1997
Dr. Martin Purtscher

ab 2. April 1997
Dr. Herbert Sausgruber

Burgenlands Landeshauptleute seit 1945
1. Oktober 1945 bis 4. Jänner 1946
Dr. h.c. Ludwig Leser (SPÖ)

4. Jänner 1946 bis 22. Juni 1956
Dr. Lorenz Karall (ÖVP)

22. Juni 1956 bis 8. August 1961
Johann Wagner (ÖVP)

8. August 1961 bis 12. Juni 1964
RegR Josef Letsch (ÖVP)

12. Juni 1964 bis 28.Juni 1966
Hans Bögl (SPÖ),

28. Juni 1968 bis 30. Oktober 1987
Theodor Kery (SPÖ)

30. Oktober 1987 bis 18. Juli 1991
Johann Sipötz (SPÖ)
18. Juli 1991 bis 28. Dezember 2000
Karl Stix (SPÖ)

seit 28. Dezember 2000
Hans Niessl (SPÖ)

Oberösterreichs Landeshauptleute seit 1945
16. Mai 1945 bis 25. Oktober 1945
Beamtenregierung

26. Oktober 1945 bis 2. Mai 1971
Dr. Heinrich Gleißner (ÖVP)

2. Mai 1971 bis 19. Oktober 1977
Dr. Erwin Wenzl (ÖVP)

19. Oktober 1977 bis 2. März 1995
Dr. Josef Ratzenböck (ÖVP)

Ab 2. März 1995
Dr. Josef Pühringer (ÖVP)

Steiermarks Landeshautpleute seit 1945
20. Mai 1945 bis 28. Dezember 1945
Reinhard Machold (ÖVP)

28. Dezember 1945 bis 6. Juli 1948
Anton Pirchegger (ÖVP)

6. Juli 1948 bis 28. November 1971
ÖkR Senator h.c., Dr. h. c. Josef Krainer (ÖVP)

10. Dezember 1971 bis 4. Juli 1980
Dr. Friedrich Niederl (ÖVP)

4. Juli 1980 bis 23. Jänner 1996
Dr. Josef Krainer (ÖVP)

ab 23. Jänner 1996
Waltraud Klasnic (ÖVP)

Kärntens Landeshauptleute seit 1945
8. Mai 1945 bis 6. Juni 1945
Provisorische Landesregierung
Hans Piesch (SPÖ),

6. Juni 1945 bis 26. Juli 1945
Konsultativer Landesausschuss
Hans Piesch (SPÖ)

26. Juli 1945 bis 25. April 1947
Hans Piesch (SPÖ)

25.April 1947 bis 12. April 1965
Ferdinand Wedenig (SPÖ)

19. April 1965 bis 12. April 1974
Hans Sima (SPÖ),

12.April 1974 bis 27. September 1988
Leopold Wagner (SPÖ),

27. September 1988 bis 21. April 1991
Dr. Peter Ambrozy (SPÖ)

21. April 1989 bis 21. Juni 1991
Dr. Jörg Haider (FPÖ),

25. Juni 1991 bis 8. April 1999
Dr. Christof Zernatto (ÖVP)

Ab 8. April 1999
Dr. Jörg Haider (FPÖ)

Salzburgs Landeshauptleute seit 1945
25. Mai 1945 bis 12. Dezember 1945
Dr. Adolf Schemel (ÖVP)

12. Dezember 1945 bis 4. Dezember 1947
Ing. Albert Hochleitner (ÖVP)

4. Dezember 1947 bis 1. Dezember 1949
Dr. Josef Rehrl (ÖVP)

1. Dezember 1949 bis 17. April 1961
Dr. Josef Klaus (ÖVP)

17. April 1961 bis 20. April 1977
W HR Dipl.-Ing. DDr. Hans Lechner

20. April 1977 bis 2. Mai 1989
Dr. Wilfried Haslauer

2. Mai 1989 bis 24. April 1996
Dr. Hans Katschthaler

ab 24. April 1996
Dr. Franz Schausberger

Niederösterreichs Landeshauptleute seit 1945
1. Mai 1945 bis 15. Oktober 1945
Dipl.-Ing. Leopold Figl (ÖVP)

15. Oktober 1945 bis 4. Mai 1949
Josef Reither (ÖVP),

5. Mai 1949 bis 14. Jänner 1962
Johann Steinböck (ÖVP),

31. Jänner 1962 bis 9. Mai 1965
Dipl.-Ing. DDDr.h.c. Leopold Figl (ÖVP),

16. Juni 1965 bis 14. Oktober 1966
Dipl.-Ing. Dr.h.c. Eduard Hartmann (ÖVP)

24. November 1966 bis 22. Jänner 1981
ÖkR Andreas Maurer (ÖVP),

22. Jänner 1981 bis 20. Oktober 1992
Mag. Siegfried Ludwig (ÖVP)

Ab 20. Oktober 1992
Dipl.-Ing. Dr. Erwin Pröll (ÖVP)

Wiener Landeshauptleute (und Bürgermeister) seit 1945
12. April 1945 bis 18. Juni 1951
Gen.a.D. Dr. h.c. Theodor Körner

18. Juni 1951 bis 9. Juni 1965
Franz Jonas

10. Juni 1965 bis 17. Dezember 1970
KommRat Bruno Marek

21. Dezember 1970 bis 5. Juli 1973
Dr. h. c. Felix Slavik

5. Juli 1973 bis 10. September 1984
Mag. Leopold Gratz

10. September 1984 bis 7. November 1994
Prof. Dr. Helmut Zilk

Ab 7. November 1994
Dr. Michael Häupl